JN437487

경전 3

아슈따바끄라 기따

경전 3

자나까를 깨닫게 한 가르침

아슈따바끄라 기따

스와미 니띠야스와루빠난다 영역

김병채 옮김

Ashtavakra Gita

슈리 크리슈나다스 아쉬람

Ashtavakra Gita

Published by V.S. Ramanan
President, Board of Trustees,
Sri Ramanasramam, Tiruvannamalai
606 603, India
Phone 91-4175-237200
E-mail ashram@sriramanamaharshi.org
Web. www.sriramanamaharshi.org

편집자의 주석

아슈따바끄라 기따는 현자 아슈따바끄라가 자나까 왕에게 대화의 방법을 통해 전해 준 고귀한 아드바이따의 가르침을 담고 있는 아주 가치 있는 책이다. 성숙한 영혼인 자나까 왕은 아슈따바끄라의 가르침을 따름으로써 참나를 자각하게 되었다.

라마크리슈나 미션의 스와미 니띠야스와루빠난다의 영어 번역과 함께 아슈따바끄라 기따의 깐나다 음역을 포함하는 한정 발행판은 마이소르 궁전에 의해 발행되었다. 1932년 마이소르의 마하라자는 슈리 바가반에게 복사본을 주었다.

슈리 바가반에게 주어진 복사본의 특별한 점은 그(바가반)가 깐나다 버전 위의 빈 공간에 손으로 직접 산스끄리뜨 경전의 원본을 베껴 썼다는 점이다. 슈리 바가반은 또한 마하라자의 사진 밑에 '마이소르의 마하라자'라는 표제를 붙였다. 이것은 아쉬람 기록보관소에 조심스럽게 보존되어 오고 있다.

슈리 바가반은 항상 구도자들의 공부를 위해 아슈따바끄라 기따를 권했다. 이런 이유뿐 아니라 그 책이 슈리 바가반의 개인적 손길을 간직한 가장 중요한 책이기 때문에, 슈리 바가반의 121번째 탄신일인 이 신성한 날, 아쉬람에 의해 복제본이 특별판으로 발행된다.

라마나스라맘 총재 V.S. 라마난

THE PALACE,
MYSORE.

With Compliments

From

The Huzur Secretary
to H. H. The Maharaja
of Mysore.

아슈따바끄라

아슈따바끄라는 까호르(까호다)와 수자따 사이에 태어났다. 아슈따바끄라가 아직 태내에 있을 때, 까호르는 아내 옆에 앉아서 베다를 암송하고 있었다. 놀랍게도, 뱃속의 아기가 갑자기 소리쳤다. "아빠, 나는 엄마 뱃속에 있지만, 아빠의 은총으로 이미 모든 베다들을 배웠어요. 그런데 안타깝게도 아빠는 암송하실 때 종종 실수를 하시네요." 까호르는 이것을 심각한 모욕으로 받아들이고는, 아기가 몸에 여덟 가지 기형을 가지고 태어날 것이라고 말하며 저주를 했다. 그런 이유로 머지않아 아기는 뒤틀린 형상으로 태어났다. 그래서 아슈따바끄라(여덟 번 굽은)라는 이름이 붙여졌다. 한편 까호르는 왕에게 돈을 구걸하러 자나까 궁전으로 갔다. 그때 왕은 바루나 왕의 아들인 반디(반딘)라는 위대한 학자와 함께 궁에 있었다. 반디는 베다에 매우 정통했다. 까호르는 그의 명으로 토론에 불려나가 패배를 당해 바다에 던져졌다. 거기에서 바루나가 행하는 희생의식의 사제로 일해야 했다.

아슈따바끄라가 열두 살의 사내가 되어 아버지의 비참한 상태에 대해 들었을 때, 그는 외삼촌 스베따께뚜와 함께 자나까 궁으로 갔다. 아직 소년이었기에 그는 처음에 궁에 들어가는 것이 허락되지 않았다. 그러나 샤스뜨라에 대한 비범한 학식을 입증해 보이자 극진히

환대받았다. 그는 즉시 자기 아버지의 상대자인 반디를 찾아내어 그와의 토론에 들어갔다. 경이로운 논쟁이 뒤따랐다. 열두 살의 소년은 자나까 궁 최고의 베테랑 학자를 물리쳤다. 그는 바루나의 손아귀로부터 아버지를 구해냈다. 까호르는 아들에게 아주 흡족하여 사망가 강에 몸을 담그자고 했다. 아! 그는 모든 사지가 곧게 펴져서 물에서 나왔다. 그러나 그의 이름은 영원히 그대로 유지되었다.

– 마하바라따.

등자stirrup위 사람에게 번개처럼 빠르게 생겨나는 우빠데쉬

하루는 자나까 왕이 빤디뜨가 읽어주는 경전을 듣고 있었다. 그는 사람이 등자에 한쪽 발을 얹고 다른 편 등자에 다른 발을 얹기 위해 몸을 들어올리기 전에 깨달음이 완성될 것이라는 구절에 이르렀다. 이것은 깨달음이 아주 갑작스럽고 빠르다는 것을 의미한다. 그때 자나까는 그의 빤디뜨가 멈추고 그 문장을 입증하기 위해, 말을 들여와도 되는지 그에게 물어보기를 바랐다. 빤디뜨는 실제적 지혜 전달에 대한 자신의 무능력을 인정했다. 왕은 그 책이 잘못되었거나 과장되었을 것이라고 말했다. 빤디뜨는 그것을 받아들이지 않으려 했다.

그 말들은 과거 현자들의 말씀이기 때문에 비록 자신이 실제적 지혜를 전달하지 못했다 할지라도 책이 잘못되거나 과장될 리는 없었다. 자나까는 화가 나서 그를 감옥에 가두었다. 그는 더 나아가 현명한 자로 통하는 모든 사람들을 비슷하게 시험을 하고 그들 모두를 감옥에 가두었다.

이맘때쯤 아슈따바끄라(여덟 가지 기형의 사람)라는 현자가 있었다. 그는 젊었고 나라 안을 돌아다니고 있었다. 그는 자나까의 영토에 들어가게 되었다. 그러는 중에 그는 두 사람과 마주쳤다. 그는 그들에게 이것이 누구의 나라이며, 왕은 어떤 일을 했는지를 물었다. 그들은 자나까의 시험과 투옥에 대해 아주 겁을 내는 자들이었다. 절망하면서 그 나라는 자나까의 것이고 왕이 화가 나서 경전 내용에 대해 설명하지 못하는 빤디뜨들을 가혹하게 다루었다고 그에게 말했다. 아슈따바끄라는 곧장 경전의 내용을 설명하고 갇힌 빤디뜨들을 풀어주자고 제안했다. 그들은 그의 자신감에 깊은 인상을 받아 그를 가마에 태워 궁으로 데리고 갔다. 왕은 궁정 홀에 있었다. 현자를 보자 일어서서 큰 존경심으로 그에게 경의를 표했다. 아슈따바끄라는 왜 빤디뜨들을 가두었는지 물었다. 자나까는 그 이유를 그에게 말해주었다. 아슈따바끄라가 말했다. "그들을 모두 풀어주십시오." 자나까는 이 제안이 자신의 의심을 풀어줄 수 있는 자로부터만 나올 수 있는 것이라고 생각했다. 그래서 그는 모든 빤디뜨 죄수들을 풀어주고는, 경전에 언급된 것처럼 깨달음이 그에게 전해지도록 하기 위해 그 자리에서 바로 말을 데려올지를 아슈따바끄라에게 물었다.

현자는 서두르지 말라고 왕에게 주의를 주었다. 브람만 갸나는 궁정 홀이 아니라 조용히 전해져야 한다. 자나까는 자신과 함께 조용한 곳으로 가자고 했다. 그때 아슈따바끄라를 위한 가마가 왔다. 자나까는 그들을 따르는 수행원과 함께 옆에 탔다. 그들이 숲 변두리에 다다랐을 때 현자는 왕에게 수행원에게 돌아가라 명을 내리고 자신들만 남아야 한다고 요구했다. 그래서 그는 그렇게 했다. 자나까는 다시 브람만 갸나를 청하였다. 한쪽 발을 등자 위에 올리고는 그의 스승에게 간절히 간청하고 있었다. 현자는 그에게 말했다. "기다려 보세요, 그 경전에서 브람만 갸나가 구루에 의해 그의 제자에게 전해진다는 것을 당신은 배웠을 것입니다. 우리가 그런 관계입니까?" 하고 아슈따바끄라가 물었다.

자나까는 그때 그에게 경의를 표하며 그의 제자가 되기를 청했고, 가르침을 받기를 간절히 바랐다. 아슈따바끄라는 그에게 제대로 된 제자는 브람만 갸나를 배우기 전에 자기 자신, 자신의 소유물 그리고 모든 것을 스승에게 넘겨주어야 한다고 말했다. 자나까는 모든 것을 넘겨주었다(옮긴이 주: 다른 경전에서는 모든 것을 넘겨주려다가 그것들이 자신의 것이 아님을 알게 된다. 유일한 자신의 것이 마음이라는 것을 알고, 마음을 스승에게 드렸다.) 그러자 아슈따바끄라는 "됐다"라고 말했다. 자나까는 멍해졌다dazed. 그의 눈앞에서 아슈따바끄라가 사라졌다. 그는 그가 있었던 곳에 동상처럼 서 있었다. 시간이 흘렀다. 땅거미가 지고 있었다. 시민들은 자나까가 돌아오기를 기다리고 있었지만 그는 도착할 기미가 보이지 않았다. 그들은 불안해져서 그를 찾기 시작했다. 그들은 자나까가 여전히 서 있는 곳에 이르렀다. 그는 그들이 온 것을 알아채지 못했다. 그들의 질문에 아무런 답도 하지 않았다. 그들은 놀랐다. 왕이 그런 상황에 처해 있는 것을 보자 안타까웠다. 신하들은 자나까와 같이 있던 자를 찾아보았지만 찾을 수 없었다. 그들은 그가 분명 그들의 왕에게 주문을 건 사기꾼임에 틀림없다고 생각했고, 그에게 복수하겠다고 맹세했다. 하지만 그들은 왕의 상태가 염려되어 왕을 보살피기를 원했다. 그들은 그를 가마에 태워 도시로 돌아왔다. 왕은 계속 같은 상태였다. 나중에 그는 침대로 옮겨졌고 많은 사람들이 밤새도록 걱정스럽게 그를 시중들고 있었다.

왕이 계속해서 똑같이 멍한 상태로 있는 것을 보고 신하들은 그를 설득해서 왕에게서 주문을 제거하도록 하려고, 아슈따바끄라를 궁으로 데려오기 위한 수색대를 파견했다.

해질녘에 수색대 중 한 명이 아슈따바끄라를 궁으로 데려왔다. 신하는 그를 보고 흥분했다. 그럼에도 분노를 억누르고 지도자가 없는 사람들의 비참한 상태에 대한 비통한 이야기를 들려준 후에, 현자에게 왕을 다시 원래 상태로 되돌려 놓아주기를 요청했다. 그와 함께 신하는 왕의 현재 상태에 대해 현자에게 책임을 물었다. 아슈따바끄라는 이 장광설에 그저 미소를 지으며 직접 왕에게 청하라고 신하에게 말했다. 신하는 왕이 응대하도록 만들기에는 자신의 능력이 부족함을 고백했다. 아슈따바끄라는 "그렇습니까? 어디 봅시다."라고 말하고는 "자나까!"하고 소리쳤다. 그러자 곧 자나까가 그에게 경의를 표하며 "신이시여"하고 대답했다. 신하는 놀랐다. 아슈따바끄라는 말했다. “자나까 보아라! 나는 그대를 이런 곤경에 처하게 만든 것에 대해 여기 사람들에게 비난받고 있다. 정말 그러한지 그들에게 말해주라” 자나까는 몹시 화가 나서 격노하여 물었다. “그렇게 말한 자가 누구인가?” 신하는 떨리기 시작했다. 그래도 현자에게 왕을 원래 상태대로 되돌려 놓아달라고 계속해서 요청했다. 현자는 그들에게 물러나서 자신과 왕만 있게 해 달라고 말했다. 그들은 그렇게 했다.

현자는 왕에게 말했다. “자, 자나까여! 왜 이러는가? 그대는 다른 사람들과 같아야 하고 보통 때와 다르게 행동해서는 안 된다.” 자나까가 말했다. “오, 신이시여, 저는 당신의 것입니다. 저는 오직 당신의 명에 따라서만 행동합니다.” 아슈따바끄라는 계속했다. “적임자들만 브람만 갸나를 배울 수 있다. 나는 내내 그대의 능력을 시험해 오고 있었다. 먼저 음식을 먹은 다음 토론을 계속할 것이다.” 자나까는 식사를 마치고는 간청했다. “어떻게 제가 브람만을 깨닫고 해방을 얻을 수 있습니까?” 아슈따바끄라는 말했다. “브람만은 새로운 것이거나 그대와 별개의 어떤 것이 아니다. 브람만을 깨닫기 위해 특정한 때와 장소가 필요하지는 않다. 그대가 그것이다. 그것은 영원하고 무한한 참나이다.” 현자가 아슈따바끄라 기따를 설명하고 있을 때 이렇게 밤이 다 지나갔다.

다음날 아침 신하들이 왕을 뵈러 왔을 때, 그들은 그가 정상인 것을 보고는 기뻐했다. 그들은 현자에게 감사를 드렸다.

왕은 의회를 소집했다. 평소처럼 자신의 일을 했다. 그는 정상적으로 자신의 역할을 수행했다. 사람들이 모인 궁정에서 아슈따바끄라는 왕에게 말했다. "왕이여, 전에 그대는 브람만 갸나가 경전에 언급된 것처럼 갑작스럽고도 빨리 가져지는지에 대한 의심을 가졌고 그 경전의 내용이 옳은지 의아해했다. 이제 그대가 어떻게 느끼는지 당신의 신하들에게 말해보라. 여기에 말을 가지고 와서 그것의 진리를 증명해 보라."

왕은 이제 아주 겸손해져서 말했다. "오, 신이시여! 그때 저는 완전히 잘못 알고 있었습니다. 다 제 탓입니다. 무지로 인해 저는 경전 본문의 정확성을 의심했습니다. 오! 그 글자 하나하나가 다 옳습니다."

옴 땃 삿

॥ ಶ್ರೀ ॥

ಶ್ರೀಮತ್ಕೃಷ್ಣರಾಜೇಂದ್ರ ಮಹಾರಾಜಾಜ್ಞಯಾ

ಮುದ್ರಾಪಿತಂ

1932

॥ ಶ್ರೀ ಗುರುಭ್ಯೋನಮಃ ॥

॥अष्टावक्र गीता॥

ಅಷ್ಟಾವಕ್ರಗೀತಾ

WITH ENGLISH TRANSLATION

BY

SWAMY NITYASWARUPANANDA OF RAMAKRISHNA MISSION

주석

아슈따바끄라 기따(또는 상히따라고도 불린다)는 아드바이따 최고 지식의 정수를 심어준다. 그것은 영원한 아뜨만(참나)의 실제 깨달음을 다룬다. 그것은 이 세상을 포기할 때, 또는 세상이 존재하지 않거나 사람이 죽은 후에 또 다른 영역으로 간다고 말해지는 때처럼 지각되기를 멈출 때, 또는 요기의 사마디에 있을 때, 또는 깊은 잠에서처럼 무의식적일 때만 자각되는 것은 아니다. 하지만 그것은 자나까 왕이 실제로 자신의 왕국을 통치하는 중에, 리쉬 아슈따바끄라의 가르침을 따르면서 이르렀던 것처럼, 사람이 세상의 한 가운데에 있으면서 그 안에서 대상들을 지각하거나 느끼는 최고의 단계에서 얻어진다.

"보고, 듣고, 만지고, 냄새 맡고, 먹고, 취하고, 말하고, 걸을 때, 노력과 노력 없음으로부터 자유로운 영혼은 정말이지 해방되어 있습니다." (XVII, 12.)

"현자는 해야 하는 일을 하면서 행복하게 삽니다. 그는 행위를 하거나 행위를 하지 않거나 괴로워하지 않습니다." (XVIII, 20.)

"참나는 참으로 모든 존재 안에 있으며, 모든 존재는 참나 안에 있습니다. 이것을 아는 것이 지식입니다. 따라서 포기할 것도, 받아들일 것도, 없앨 것도 없습니다." (VI, 4.)

브람만을 달성한 이는 그들의 욕망이나 행위에 있어서 세상의 다른 사람들과 구별될 수 없습니다. "그는 겉으로 아무런 표시가 나지 않습니다." (마하바라따.)

"지식의 사람은 겉으로는 평범한 사람처럼 보이지만…" (XVIII, 18.)

"그와 같은 사람들만이 그를 이해합니다." (XVIII, 18.)

그런 사람은 언제나 그가 모든 이들과 하나라고 느낍니다.

"지식이 있는 사람은 우주의 소멸을 바라거나 우주가 존재한다 해도 싫어하지 않습니다." (XVII, 7.)

사실, 최고의 아는자(갸닌)는 존재하는 것은 무엇이든 다름 아닌 바로 그의 자기, 아뜨만 혹은 브람만임을 항상 알아차립니다.

아슈따바끄라는 나아가 "사람은 생각하는 대로 됩니다."라는 말에서 이 최고의 지식 습득 방법에 대한 열쇠를 제공합니다. (I, 10.)

그러나 다음의 시들로부터 추측할 수 있듯이, 그 단계들은 오르기 위한 힘들고도 끈기 있는 노력을 필요로 합니다. 자아 "나"가 없어질 때까지, 진리는 알려질 수 없습니다. (VIII, 4; XVI, 10, XVIII, 73.)

"나의 아들이여, 그대가 해방을 바란다면, 감각의 대상을 독약으로 알아 피하고 용서, 진실, 친절, 만족 그리고 진리를 넥타로 알아 추구하십시오. (I, 1.)

"그대가 지각하는 그 어떤 것에서도 그대는 그대를, 오로지 그대를 봅니다. '나는 그이다', '나는 세상이 아니다'와 같은 그런 구분을 완전히 버리십시오. 모든 것을 참나라 여기면 욕망이 없어지고 행복해집니다." (XV, 14-15.)

"무지한 사람은 행위를 하거나 행위를 버려도 평화에 이르지 못합니다. 현명한 사람은 진리를 확인하는 것만으로 행복해집니다."

(XVIII, 34.)

1932. 10

목차

(총 298)

바가반 슈리 라마나 마하리쉬

जनक उवाच—

कथं ज्ञानमवाप्नोति कथं मुक्तिर्भविष्यति। वैराग्यं च कथं प्राप्तमेतद्ब्रूहि मम प्रभो ॥

જનક ઉવાચ—

ಕಥಂ ಜ್ಞಾನಮವಾಪ್ನೋತಿ ಕಥಂ ಮುಕ್ತಿರ್ಭವಿಷ್ಯತಿ।

ವೈರಾಗ್ಯಂ ಚ ಕಥಂ ಪ್ರಾಪ್ತಮೇತದ್ಬ್ರೂಹಿ ಮಮ ಪ್ರಭೋ॥

제1장 • 어떻게 지식(갸나)을 얻을 수 있습니까?

자나까가 말했습니다.

어떻게 지식[1]을 얻을 수 있습니까?

어떻게 해방을 얻을 수 있습니까?

어떻게 포기가 가능합니까?

이것을 저에게 말씀해주십시오.

오, 스승님이시여.

1 (옮긴이 주, 이하 표기 생략) 갸나, 참나에 대한 지식

मुक्तिमिच्छसि चेत्तात विषयान्विषवत्त्यज। क्षमार्जवदयातोष सत्यं पीयूषवद्भज ॥१॥

ಪ್ರಥಮೋಽಧ್ಯಾಯಃ

ಅಷ್ಟಾವಕ್ರ ಉವಾಚ—

ಮುಕ್ತಿಮಿಚ್ಛಸಿಚೇತ್ತಾತ ವಿಷಯಾನ್ವಿಷವತ್ತ್ಯಜ ।
ಕ್ಷಮಾರ್ಜವದಯಾತೋಷ ಸತ್ಯಂ ಪೀಯೂಷವದ್ಭಜ ॥ ೧ ॥

아슈따바끄라가 말했습니다.

1.

나의 아들이여,

그대가 해방을 바란다면,

감각의 대상을 독약으로 알아 피하고

용서, 진실, 친절, 만족 그리고

진리를 넥타로 알아 추구하십시오.

न पृथ्वी न जलं नाग्निर्न वायुर्द्यौर्न वा भवान्। एषां साक्षिणमात्मानं चिद्रूपं विद्धि मुक्तये॥२॥

ನ ಪೃಥ್ವೀ ನ ಜಲಂ ನಾಗ್ನಿರ್ನವಾಯುರ್ದ್ಯೌರ್ನವಾ ಭವಾನ್ ।
ಏಷಾಂ ಸಾಕ್ಷಿಣಮಾತ್ಮಾನಂ ಚಿದ್ರೂಪಂ ವಿದ್ಧಿ ಮುಕ್ತಯೇ॥

2.

그대는 땅도, 물도, 불도, 공기도, 공간도 아닙니다.

해방을 얻기 위해서는

그대 자신은 이 모든 것들의 아는 자이며,

의식 그 자체임을 깨달으십시오.

यदि देहं पृथक्कृत्य चिति विश्राम्य तिष्ठसि। अधुनैव सुखी शान्तो बन्धमुक्तो भविष्यसि॥ ॥३॥

ಯದಿ ದೇಹಂ ಪೃಥಕ್ಕೃತ್ಯ ಚಿತಿ ವಿಶ್ರಾಮ್ಯ ತಿಷ್ಠಸಿ।
ಅಧುನೈವ ಸುಖೀ ಶಾಂತೋ ಬಂಧಮುಕ್ತೋ ಭವಿಷ್ಯಸಿ ॥ ೩ ॥

3.

만일 그대가 몸으로부터 분리하여

의식 안에 있다면,

그대는 즉시

행복하고 평화로우며

굴레를 벗어날 것입니다.

नत्वं विप्रादिको वर्णो नाश्रमी नाक्ष गोचरः। असंगोसि निराकारो विश्वसाक्षी सुखी भव॥४॥

ನ ತ್ವಂ ವಿಪ್ರಾದಿಕೋ ವರ್ಣೋ ನಾಶ್ರಮೀ ನಾಕ್ಷಗೋಚರಃ।
ಅಸಂಗೋಽಸಿ ನಿರಾಕಾರೋ ವಿಶ್ವಸಾಕ್ಷೀ ಸುಖೀ ಭವ ॥ ೪ ॥

4.

그대는 브람마나와 같은 어떤 까스뜨나 혹은
아쉬라마와 같은 어떤 삶의 단계에도 속하지도 않습니다.
그대는 눈으로는 볼 수 없는 존재이며
그대는 어디에도 매여 있지 않으며,
형태가 없으며
모든 것의 목격자입니다.
행복하십시오.

धर्माधर्मौ सुखं दुःखं मानसानि न ते विभो। न कर्तासि न भोक्तासि मुक्त एवासि सर्वदा॥५॥

ಧರ್ಮಾಧರ್ಮೌ ಸುಖಂ ದುಃಖಂ ಮಾನಸಾನಿ ನ ತೇ ವಿಭೋ ।

ನ ಕರ್ತಾಸಿ ನ ಭೋಕ್ತಾಸಿ ಮುಕ್ತ ಏವಾಸಿ ಸರ್ವದಾ ॥ ೫ ॥

5.

옳고 그름, 기쁨과 슬픔은

마음에 속하지,

오, 어디에나 두루 퍼져 있는

하나One인 그대에게 속하지 않습니다.

그대는 행위자도

즐기는 자도 아닙니다.

정말로 그대는 늘 자유롭습니다.

एको द्रष्टासि सर्वस्य मुक्तप्रायोसि सर्वदा। अयमेव हि ते बन्धो द्रष्टारं पश्यसीतरम्॥६॥

ಏಕೋ ದ್ರಷ್ಟಾಸಿ ಸರ್ವಸ್ಯ ಮುಕ್ತಪ್ರಾಯೋಽಸಿ ಸರ್ವದಾ।
ಅಯಮೇವ ಹಿ ತೇ ಬಂಧೋ ದ್ರಷ್ಟಾರಂ ಪಶ್ಯಸೀತರಮ್ ॥೬॥

6.

그대는 모든 것을 보는 자이며

정말로 늘 자유롭습니다.

자신을 보는 자가 아니라

다른 것으로 볼 때

그대는 묶입니다.

अहं कर्तेत्यहंमान महाकृष्णाहि दंशित: । नाहं कर्तेति विश्वासामृतं पीत्वा सुखी भव ॥७॥

ಅಹಂ ಕರ್ತೇತ್ಯಹಮ್ಮಾನಮಹಾಕೃಷ್ಣಾಹಿದಂಶಿತಃ ।
ನಾಹಂ ಕರ್ತೇತಿ ವಿಶ್ವಾಸಾಮೃತಂ ಪೀತ್ವಾ ಸುಖೀ ಭವ ॥ ೭ ॥

7.

"나는 행위자이다."라는 자의식의
검은 큰 독사에 물린 그대는
"나는 행위자가 아니다."라는
믿음의 넥타를 마시고 행복하십시오.

एको विशुद्धबोधोऽहमिति निश्चयवह्निना । प्रज्वाल्याज्ञानगहनं वीतशोकः सुखी भव ॥८॥

ಏಕೋ ವಿಶುದ್ಧಬೋಧೋಽಹಮಿತಿ ನಿಶ್ಚಯವಹ್ನಿನಾ ।
ಪ್ರಜ್ವಾಲ್ಯಾಜ್ಞಾನಗಹನಂ ವೀತಶೋಕಃ ಸುಖೀ ಭವ ॥ ೮ ॥

8.

"나는 하나One이며 순수한 의식이다."라는
지식의 불로 무지의 황야를 태워
슬픔으로부터 자유로워져
행복하십시오.

यत्र विश्वमिदं भाति कल्पितं रज्जुसर्पवत् । आनन्दपरमानन्दः सबोधस्त्वं सुखं चर ॥ ९ ॥

ಯತ್ರ ವಿಶ್ವಮಿದಂ ಭಾತಿ ಕಲ್ಪಿತಂ ರಜ್ಜುಸರ್ಪವತ್ ।

ಆನಂದಪರಮಾನನ್ದಃ ಸಬೋಧಸ್ತ್ವಂ ಸುಖಂ ಚರ ॥ ೯ ॥

9.

이 우주가 생겨나고,

밧줄을 뱀으로 생각하게 하는 그것(의식)은

희열, 지고한 희열입니다.

그대는 그 의식입니다.

행복하십시오.

मुक्ताभिमानी मुक्तो हि बद्धो बद्धाभिमान्यपि। किंवदन्तीह सत्येयं यामतिस्सागतिर्भवेत् ॥१०॥

ಮುಕ್ತಾಭಿಮಾನೀ ಮುಕ್ತೋ ಹಿ ಬದ್ಧೋ ಬದ್ಧಾಭಿಮಾನ್ಯಪಿ।
ಕಿಂವದನ್ತೀಹ ಸತ್ಯೇಯಂ ಯಾ ಮತಿಸ್ಸಾ ಗತಿರ್ಭವೇತ್॥೧೦॥

10.

자신을 자유롭다 생각하는 사람은

정말로 자유로우며,

자신이 매여 있다고 생각하는 사람은 계속 매인채로 있습니다.

"사람은 생각하는 대로 된다"는 것은

이 세상에서 잘 알려져 있는 속담으로,

그것은 사실입니다.

आत्मासाक्षी विभुः पूर्ण एको मुक्तश्चिदक्रियः। असंगोनिस्पृहः शान्तो भ्रमात्संसारवानिव ॥११॥

ಆತ್ಮಾ ಸಾಕ್ಷೀ ವಿಭುಃ ಪೂರ್ಣ ಏಕೋ ಮುಕ್ತಶ್ಚಿದಕ್ರಿಯಃ ।
ಅಸಙ್ಗೋ ನಿಸ್ಪೃಹಃ ಶಾನ್ತೋ ಭ್ರಮಾತ್ ಸಂಸಾರವಾನಿವ ॥

11.

참나는 목격자,

모든 곳에 퍼져 있는 완벽한, 하나,

자유로운, 지성, 행위가 없으며,

매여 있지 않으며,

욕망이 없으며, 조용합니다.

환영으로 그것은

세상에 나타납니다.

कूटस्थं बोधमद्वैतमात्मानं परि भावय । आभासोऽहं भ्रमं मुक्त्वा भावं बाह्यमथान्तरम् ॥१२॥

ಕೂಟಸ್ಥಂ ಬೋಧಮದ್ವೈತಮಾತ್ಮಾನಂ ಪರಿಭಾವಯ ।
ಆಭಾಸೋಽಹಂಭ್ರಮಂಮುಕ್ತ್ವಾಭಾವಂ ಬಾಹ್ಯಮಥಾನ್ತರಂ॥

12.

몸과 마음의 변화와
자신이 개별 영혼이라는 환영을 버리고,
비이원으로 있는 의식인
아뜨만을 명상하십시오.

देहाभिमान पाशेन चिरं बद्धोसि पुत्रक। बोधोहं ज्ञान खड्गेन तं निकृन्त्य सुखी भव ॥१३॥

ದೇಹಾಭಿಮಾನಪಾಶೇನ ಚಿರಂ ಬದ್ಧೋಽಸಿ ಪುತ್ರಕ ।
ಬೋಧೋಽಹಂ ಜ್ಞಾನಖಡ್ಗೇನ ತಂ ನಿಕೃಂತ್ಯ ಸುಖೀ ಭವ ॥

13.

그대는 오랫동안
몸이라는 의식에 묶여 있었습니다.
'나는 의식이다.'라는 지식의 칼로
그 덫을 잘라내고, 행복하십시오.

निस्संगो निष्क्रियोऽसि त्वं स्वप्रकाशो निरंजनः। अयमेव हि ते बन्धः समाधिमनुतिष्ठसि॥१४॥

ನಿಸ್ಸಂಗೋ ನಿಷ್ಕ್ರಿಯೋಽಸಿ ತ್ವಂ ಸ್ವಪ್ರಕಾಶೋ ನಿರಂಜನಃ।
ಅಯಮೇವ ಹಿ ತೇ ಬಂಧಃ ಸಮಾಧಿಮನುತಿಷ್ಠಸಿ ॥ ೧೪ ॥

14.

그대는 매여 있지 않으며,

행위가 없으며,

스스로 찬란히 빛나며,

아무런 흠이 없습니다.

그대의 명상수련[2]의 습관이

그대의 속박이 되고 있습니다.

2 원전에는 사마디라 되어 있음

त्वयाव्याप्तमिदंविश्वंत्वयिप्रोतंयथार्थतः। शुद्धबुद्धस्वरूपस्त्वं मा गमः क्षुद्रचित्तताम्॥१५॥

ತ್ವಯಾ ವ್ಯಾಪ್ತಮಿದಂ ವಿಶ್ವಂ ತ್ವಯಿ ಪ್ರೋತಂ ಯಥಾರ್ಥತಃ।
ಶುದ್ಧಬುದ್ಧಸ್ವರೂಪಸ್ತ್ವಂ ಮಾ ಗಮಃ ಕ್ಷುದ್ರಚಿತ್ತತಾಮ್ ॥

15.

그대는 이 우주에 퍼져 있으며,

이 우주는 그대 안에 있습니다.

그대는 진실로 순수한 의식입니다.

편협한 마음을 지니지 마십시오.

निरपेक्षो निर्विकारो निर्भरः शीतलाशयः। अगाधबुद्धिरक्षुब्धो भव चिन्मात्रवासनः ॥१६॥

ನಿರಪೇಕ್ಷೋ ನಿರ್ವಿಕಾರೋ ನಿರ್ಭರಃ ಶೀತಲಾಶಯಃ।
ಅಗಾಧಬುದ್ಧಿರಕ್ಷುಬ್ಧೋ ಭವ ಚಿನ್ಮಾತ್ರವಾಸನಃ ॥ ೧೬ ॥

16.

그대는 조건화되어 있지 않으며,

불변하며, 형태가 없으며,

고요하며, 흔들리지 않으며,

깊이를 가늠할 수 없는 의식입니다.

의식만을 원하십시오.

साकारमनृतंविद्धिनिराकारंतुनिश्चलम्।एतत्तत्वोपदेशेननपुनर्भवसंभवः॥१७॥

ಸಾಕಾರಮನೃತಂ ವಿದ್ಧಿ ಸಿರಾಕಾರಂ ತು ನಿಶ್ಚಲಮ್ ।
ಏತತ್ತತ್ತ್ವೋಪದೇಶೇನ ನ ಪುನರ್ಭವಸಮ್ಭವಃ ॥ ೧೭ ॥

17.

형태를 가진 것은 실재이지 않으며

무형의 것은 영원함을 아십시오.

이 영적 가르침으로

그대는 환생의 가능성에서 벗어날 것입니다.

।थैवादर्श मध्यस्थे रूपेन्तः परितस्तुसः। तथैवास्मिन् शरीरेन्तः परितः परमेश्वरः ॥१८॥

ಯಥೈವಾದರ್ಶಮಧ್ಯಸ್ಥೇ ರೂಪೇಽನ್ತಃಪರಿತಸ್ತು ಸಃ ।
ತಥೈವಾಸ್ಮಿನ್ ಶರೀರೇಽನ್ತಃ ಪರಿತಃ ಪರಮೇಶ್ವರಃ ॥ ೧೮ ॥

18.

거울이 그것이 반사된

이미지의 안과 밖에 있듯이,

지고의 신은

이 몸의 안과 밖에 있습니다.

एकं सर्वगतं व्योम बहिरन्तर्यथा घटे। नित्यं निरन्तरं ब्रह्म सर्व भूत गणे तथा ॥१९॥

ಏಕಂ ಸರ್ವಗತಂ ವ್ಯೋಮ ಬಹಿರನ್ತರ್ಯಥಾ ಘಟೇ ।

ನಿತ್ಯಂ ನಿರನ್ತರಂ ಬ್ರಹ್ಮ ಸರ್ವಭೂತಗಣೇ ತಥಾ ॥ ೧೯ ॥

19.

어디에나 퍼져 있는 공간이

항아리의 안과 밖에 있듯이,

어디에나 퍼져 있는 브람만은

모든 것에 존재합니다.

॥ द्वितीयोऽध्यायः॥ जनक उवाच —

अहो निरंजनः शान्तो बोधोऽहं प्रकृतेः परः। एतावन्तमहं कालं मोहेनैव विडम्बितः॥१॥

ದ್ವಿತೀಯೋಽಧ್ಯಾಯಃ

ಜನಕ ಉವಾಚ—

ಅಹೋ ನಿರಞ್ಜನಃ ಶಾನ್ತೋ ಬೋಧೋಽಹಂ ಪ್ರಕೃತೇಃ ಪರಃ।

ಏತಾವನ್ತಮಹಂ ಕಾಲಂ ಮೋಹೇನೈವ ವಿಡಮ್ಬಿತಃ ॥ ೧ ॥

제2장 • 깨달음의 상태

자나까가 말했습니다.

1.

오, 저는 흠이 없으며,

평온하며, 순수 의식이며,

자연 너머에 있습니다.

지금껏 저는 환영에 의해 조롱당해왔습니다.

यथाप्रकाशयाम्येको देहमेनं तथाजगत् । अतो मम जगत्सर्वमथवा न च किञ्चन ॥ २ ॥

ಯಥಾ ಪ್ರಕಾಶಯಾಮ್ಯೇಕೋ ದೇಹಮೇನಂ ತಥಾ ಜಗತ್ ।
ಅತೋ ಮಮ ಜಗತ್ಸರ್ವಮಥವಾ ನ ಚ ಕಿಞ್ಚನ ॥ ೨ ॥

2.

저만이 이 몸을 드러내듯,
저는 이 우주를 드러냅니다.
그러므로 이 전체 우주가 저의 것이거나,
아니면 정말이지 아무 것도 저의 것이 아닙니다.

सशरीरमहो विश्वं परित्यज्य मयाधुना। कुतश्चित् कौशलादेव परमात्मा विलोक्यते॥३॥

ಸಶರೀರಮಹೋ ವಿಶ್ವಂ ಪರಿತ್ಯಜ್ಯ ಮಯಾಽಧುನಾ ।
ಕುತಶ್ಚಿತ್ ಕೌಶಲಾದೇವ ಪರಮಾತ್ಮಾ ವಿಲೋಕ್ಯತೇ ॥ ೩ ॥

3.

오, 몸과 더불어
우주를 포기했습니다.
이제 저의 구루로부터 받은 지혜를 통해
저는 지고한 참나를 지각하고 있습니다.

यथा न तोयतो भिन्नास्तरङ्गाः फेनबुद्बुदाः। आत्मनो न तथा भिन्नं विश्वमात्मविनिर्गतम्॥४॥

ಯಥಾ ನ ತೋಯತೋ ಭಿನ್ನಾಸ್ತರಙ್ಗಾಃ ಫೇನಬುದ್ಬುದಾಃ ।
ಆತ್ಮನೋ ನ ತಥಾ ಭಿನ್ನಂ ವಿಶ್ವಮಾತ್ಮವಿನಿರ್ಗತಮ್ ॥ ೪ ॥

4.

파도, 포말, 거품이
물과 다르지 않듯이,
아뜨만에서 나온 우주는
아뜨만과 다르지 않습니다.

तन्तुमात्रो भवेदेव पटो यद्वद्विचारितः। आत्मतन्मात्रमेवेदं तद्वद्विश्वं विचारितम्॥५॥

ತನ್ತುಮಾತ್ರೋ ಭವೇದೇವ ಪಟೋ ಯದ್ವದ್ವಿಚಾರಿತಃ ।
ಆತ್ಮತನ್ಮಾತ್ರಮೇವೇದಂ ತದ್ವದ್ವಿಶ್ವಂ ವಿಚಾರಿತಮ್ ॥ ೫ ॥

5.

천을 분해해 보면
단지 실일 뿐이듯,
적절히 생각하면
우주는 다름 아닌 아뜨만입니다.

यथैवेक्षुरसे क्लृप्ता तेन व्याप्तैव शर्करा । तथा विश्वं मयि क्लृप्तं मया व्याप्तं निरन्तरम् ॥६॥

ಯಥೈವೇಕ್ಷುರಸೇ ಕ್ಲೃಪ್ತಾ ತೇನ ವ್ಯಾಪ್ತೈವ ಶರ್ಕರಾ ।
ತಥಾ ವಿಶ್ವಂ ಮಯಿ ಕ್ಲೃಪ್ತಂ ಮಯಾ ವ್ಯಾಪ್ತಂ ನಿರನ್ತರಂ ॥

6.

설탕이

주스의 모든 곳에 퍼져 있듯이,

저로부터 만들어진

온 우주에

제가 퍼져 있습니다.

आत्माज्ञानाज्जगद्भाति आत्मज्ञानान्न भासते।रज्ज्वज्ञानादहिर्भाति तज्ज्ञानाद्भासते न हि॥७॥

ಆತ್ಮಾಜ್ಞಾನಾಜ್ಜಗದ್ಭಾತಿ ಆತ್ಮಜ್ಞಾನಾನ್ನ ಭಾಸತೇ ।
ರಜ್ಜ್ವಜ್ಞಾನಾದಹಿರ್ಭಾತಿ ತಜ್ಜ್ಞಾನಾದ್ಭಾಸತೇ ನ ಹಿ ॥೭॥

7.

밧줄을 보지 못하여

뱀이 나타났다가

밧줄을 보아 뱀이 사라지듯이,

참나를 보지 못하여

세상이 나타났다가

참나를 보아 세상이 사라집니다.

प्रकाशोमेनिजंरूपंनातिरिक्तोस्म्यहंततः।यदाप्रकाशतेविश्वंतदाहंभासएवहि॥८॥

ಪ್ರಕಾಶೋ಼ ಮೇ಼ ನಿಜಂ ರೂಪಂ ನಾತಿರಿಕ್ತೋ಼ಽಸ್ಮ್ಯಹಂ ತತಃ ।
ಯದಾ ಪ್ರಕಾಶತೇ಼ ವಿಶ್ವಂ ತದಾಹಮ್ಭಾಸ ಏವ ಹಿ ॥ ೮ ॥

8.

빛이

바로 저의 본성입니다.

저는 다름 아닌 빛입니다.

우주가 나타날 때,

빛나는 것은 저입니다.

।हो विकल्पितं विश्वमज्ञानान्मयि भासते। रूप्यं शुक्तौ फणी रज्जौ वारि सूर्यकरे यथा॥९॥

ಅಹೋ ವಿಕಲ್ಪಿತಂ ವಿಶ್ವಮಜ್ಞಾನಾನ್ಮಯಿ ಭಾಸತೇ ।
ರೂಪ್ಯಂ ಶುಕ್ತೌ ಫಣೀ ರಜ್ಜೌ ವಾರಿ ಸೂರ್ಯಕರೇ ಯಥಾ ।

9.

오, 조개껍질에서 은광택이,

밧줄에서 뱀이,

햇살에서 신기루가 나타나듯이,

우주는 무지로

제 안에서 나타납니다.

मत्तो विनिर्गतं विश्वं मय्येव लयमेष्यति। मृदि कुम्भो जले वीचिः कनके कटकं यथा॥१०॥

ಮತ್ತೋ ವಿನಿರ್ಗತಂ ವಿಶ್ವಂ ಮಯ್ಯೇವ ಲಯಮೇಷ್ಯತಿ ।
ಮೃದಿ ಕುಮ್ಭೋ ಜಲೇ ವೀಚಿಃ ಕನಕೇ ಕಟಕಂ ಯಥಾ ॥೧೦॥

10.

팔찌가 금으로,

파도가 물로,

도기가 흙으로 사라지듯이,

저로부터 나온 우주는

제 안으로 사라집니다.

अहो अहं नमो मह्यं विनाशो यस्य नास्ति मे। ब्रह्मादिस्तम्बपर्यन्तं जगन्नाशेपि तिष्ठतः॥११॥

ಅಹೋ ಅಹಂ ನಮೋ ಮಹ್ಯಂ ವಿನಾಶೋ ಯಸ್ಯ ನಾಸ್ತಿ ಮೇ ।
ಬ್ರಹ್ಮಾದಿಸ್ತಮ್ಬಪರ್ಯನ್ತಂ ಜಗನ್ನಾಶೇಽಪಿ ತಿಷ್ಠತಃ ॥ ೧೧ ॥

11.

저는 경이롭습니다!
브람마로부터 풀 한포기에 이르기까지
모든 것이 파괴되더라도
여전히 파괴되지 않고 살아남는
저 자신에게 영광을.

अहो अहं नमो मह्यमेकोऽहं देहवानपि । क्वचिन्न गन्ता नागन्ता व्याप्य विश्वमवस्थितः ॥१२।

ಅಹೋ ಅಹಂ ನಮೋ ಮಹ್ಯಮೇಕೋಽಹಂ ದೇಹವಾನಪಿ।

ಕ್ವಚಿನ್ನ ಗನ್ತಾ ನಾಗನ್ತಾ ವ್ಯಾಪ್ಯ ವಿಶ್ವಮವಸ್ಥಿತಃ ॥ ೧೨ ॥

12.

저는 경이롭습니다!

몸[3]이라는 형태를 가지고 있지만,

어디로 가지도 오지도 않으면서

우주에 만연해 있는

저 자신에게 경배를.

3 미묘한 몸까지도 포함한

अहो अहं नमो मह्यं दक्षो नास्तीह मत्समः। असंस्पृश्य शरीरेण येन विश्वं चिरं धृतम् ॥१३॥

ಅಹೋ ಅಹಂ ನಮೋ ಮಹ್ಯಂ ದಕ್ಷೋ ನಾಸ್ತೀಹ ಮತ್ಸಮಃ।
ಅಸಂಸ್ಪೃಶ್ಯ ಶರೀರೇಣ ಯೇನ ವಿಶ್ವಂ ಚಿರಂ ಧೃತಮ್ ॥೧೩॥

13.

저는 경이롭습니다!

저 자신에게 경배를!

몸으로 우주에 접촉하지 않고도

우주를 영원토록 지탱하고 있는

저만큼 능력이 있는 것은

아무 것도 없습니다.

अहो अहं नमो मह्यं यस्य मे नास्ति किञ्चन । अथवा यस्य मे सर्वं यद्वाङ्मनसगोचरम् ॥ १४ ॥

ಅಹೋ ಅಹಂ ನಮೋ ಮಹ್ಯಂ ಯಸ್ಯ ಮೇ ನಾಸ್ತಿ ಕಿಞ್ಚನ ।
ಅಥವಾ ಯಸ್ಯ ಮೇ ಸರ್ವಂ ಯದ್ವಾಙ್ಮನಸಗೋಚರಮ್ ॥

14.

저는 경이롭습니다!

아무 것도 저의 것이 아닙니다.

그렇지만 생각되거나 말해지는

모든 것이 저의 것인

저 자신에게 경배를.

ानंज्ञेयंतथाज्ञाता त्रितयंनास्तिवास्तवं। अज्ञानाद्भातियत्रेदंसोऽहमस्मिनिरञ्जनः॥१५॥

ಜ್ಞಾನಂ ಜ್ಞೇಯಂ ತಥಾಜ್ಞಾತಾತ್ರಿತಯಂನಾಸ್ತಿವಾಸ್ತವಮ್ ।
ಅಜ್ಞಾನಾದ್ಭಾತಿ ಯತ್ರೇದಂ ಸೋಽಹಮಸ್ಮಿ ನಿರಞ್ಜನಃ ॥

15.

앎[4], 아는 자, 아는 대상,

이 셋은 실제로는 존재하지 않습니다.

저는 이 셋이 무지로 나타나는

흠 없는 참나입니다.

4 모든 상대적 앎은 주체와 대상의 의식에 의존한다. 지고한 앎은 이러한 의식을 초월한다.

द्वैतमूलमहो दुःखं नान्यत्तस्यास्ति भेषजम्। दृश्यमेतन्मृषा सर्वं एकोऽहं चिद्रसोऽमलः ॥१६॥

ದ್ವೈತಮೂಲಮಹೋ ದುಃಖಂ ನಾನ್ಯತ್ತಸ್ಯಾಸ್ತಿ ಭೇಷಜಮ್ ।
ದೃಶ್ಯಮೇತನ್ಮೃಷಾ ಸರ್ವಂ ಏಕೋಽಹಂ ಚಿದ್ರಸೋಽಮಲಃ ॥

16.

오, 불행의 뿌리는 이원성입니다.
모든 경험의 대상들은 거짓입니다.
저는 하나One이며,
순수 의식이며,
희열이라는 깨달음 말고는
그것에 대한 다른 치료법은 없습니다.

…धमात्रोऽहमज्ञानादुपाधिःकल्पितोमया।एवंविमृशतोनित्यंनिर्विकल्पेस्थितिर्मम॥१७॥

ಬೋಧಮಾತ್ರೋಽಹಮಜ್ಞಾನಾದುಪಾಧಿಃಕಲ್ಪಿತೋಮಯಾ।
ಏವಂ ವಿಮೃಶತೋ ನಿತ್ಯಂ ನಿರ್ವಿಕಲ್ಪೇ ಸ್ಥಿತಿರ್ಮಮ ॥ ೧೭ ॥

17.

저는 순수 의식입니다.

무지를 통해

저는 저 자신에게 한계[5]를 부과했습니다.

이런 식으로 끊임없이 깊게 생각함으로,

저는 절대자[6] 안에 거합니다.

---

5 자아, 마음, 몸 등

6 이원성이 사라지고, 참나가 본래의 영광으로 빛나는.

नमेबन्धोस्तिनोमोक्षोवा।भ्रान्तिःशान्तानिराश्रया।अहोमयिस्थितंविश्वंवस्तुतोनमयिस्थितम्॥१८॥

ನಮೇಬನ್ಧೋಽಸ್ತಿಮೋಕ್ಷೋವಾಭ್ರಾನ್ತಿಃಶಾನ್ತಾನಿರಾಶ್ರಯಾ

ಅಹೋ ಮಯಿ ಸ್ಥಿತಂ ವಿಶ್ವಂ ವಸ್ತುತೋ ನ ಮಯಿ ಸ್ಥಿತಮ್॥

18.

정말로 저는

묶여 있지도 자유롭지도 않습니다.

환영은 지지를 잃어 멈추었습니다.

오, 우주는 비록 제 안에 있지만,

실제로는 존재하지 않습니다.

सशरीरमिदंविश्वं नकिञ्चिदिति निश्चितम्।शुद्धचिन्मात्रआत्माचतत्कस्मिन्कल्पनाऽधुना॥१९॥

ಸಶರೀರಮಿದಂ ವಿಶ್ವಂ ನ ಕಿಞ್ಚಿದಿತಿ ನಿಶ್ಚಿತಮ್ ।

ಶುದ್ಧಚಿನ್ಮಾತ್ರ ಆತ್ಮಾ ಚ ತತ್ಕಸ್ಮಿನ್ ಕಲ್ಪನಾಽಧುನಾ ॥ ೧೯ ॥

19.

저는 몸과 우주가 무이며,

아뜨만이

오로지 순수 의식이라는 것을 확실히 알았습니다.

그러므로 이제 그 위에

어떤 상상[7]이 가능할 수 있겠습니까?

7 몸과 우주

शरीरं स्वर्गनरकौ बन्धमोक्षौ भयं तथा । कल्पनामात्रमेवैतत्किं मे कार्यं चिदात्मनः ॥२०॥

ಶರೀರಂ ಸ್ವರ್ಗನರಕೌ ಬನ್ಧಮೋಕ್ಷೌ ಭಯಂ ತಥಾ ।
ಕಲ್ಪನಾಮಾತ್ರಮೇವೈತತ್ ಕಿಂ ಮೇ ಕಾರ್ಯಂ ಚಿದಾತ್ಮನಃ ॥

20.

몸, 천국과 지옥, 굴레와 자유, 공포,
이 모든 것들은
단지 상상일 뿐입니다.
본성이 의식인 제가
이 모든 것들과 무슨 상관이 있습니까?

अहो जनसमूहेपि न द्वैतं पश्यतो मम । अरण्यमिव संवृत्तं क्व रतिं करवाण्यहम् ॥ २१॥

ಅಹೋ ಜನಸಮೂಹೇಽಪಿ ನ ದ್ವೈತಂ ಪಶ್ಯತೋ ಮಮ ।
ಅರಣ್ಯಮಿವ ಸಂವೃತ್ತಂ ಕ್ವ ರತಿಂ ಕರವಾಣ್ಯಹಮ್ ॥ ೨೧ ॥

21.

오, 저는
어떤 이원성도 찾을 수 없습니다.
그러므로 수많은 군중들이
황야처럼 되어버렸습니다.
제가 집착할 무엇이 있겠습니까?

नाहं देहो न मे देहो जीवो नाहमहं हि चित्। अयमेव हि मे बन्ध आसीद्या जीविते स्पृहा ॥२२॥

ನಾಹಂದೇಹೋನಮೇದೇಹೋಜೀವೋನಾಹಮಹಂಹಿಚಿತ್ ।

ಅಯಮೇವ ಹಿ ಮೇ ಬನ್ಧ ಆಸೀತ್ ಯಾ ಜೀವಿತೇ ಸ್ಪೃಹಾ ॥

22.

저는 몸이 아니며,

몸도 저의 것이 아닙니다.

저는 지바Jiva[8]가 아니라 의식입니다.

몸의 유지[9]에 대한 갈증이

저의 속박이었습니다.

---

8 유한한 자기, 개인적 존재, 개인적 영혼

9 삶은 참나와 몸과의 동일시를 가정한다.

अहो भुवनकल्लोलैर्विचित्रैर्द्राक्समुत्थितम्। मय्यनन्तमहाम्भोधौ चित्तवाते समुद्यते॥ २३॥

ಅಹೋ ಭುವನಕಲ್ಲೋಲೈರ್ವಿಚಿತ್ರೈರ್ದ್ರಾಕ್ ಸಮುತ್ಥಿತಮ್।
ಮಯ್ಯನನ್ತಮಹಾಮ್ಭೋಧೌ ಚಿತ್ತವಾತೇ ಸಮುದ್ಯತೇ ॥

23.

무한한 바다인 제 안에

마음의 바람이 불면,

그 즉시 세상이라는

다양한 파도들이 만들어집니다.

मय्यनन्तमहाम्भोधौ चित्तवाते प्रशाम्यति।अभाग्याज्जीववणिजो जगत्पोतो विनश्वरः॥

ಮಯ್ಯನನ್ತಮಹಾಮ್ಭೋಧೌ ಚಿತ್ತವಾತೇ ಪ್ರಶಾಮ್ಯತಿ ।
ಅಭಾಗ್ಯಾಜ್ಜೀವವಣಿಜೋ ಜಗತ್ಪೋತೋ ವಿನಶ್ವರಃ । ೨೪ ।

24.

제 참나의 무한한 바다에
생각의 바람이 잠잠해지자
상인인 지바가 타고 있던
세상이라는 배는
불행하게도 가라앉습니다.

य्यनन्त महाम्भोधावाश्चर्यं जीववीचयः।उद्यन्ति घ्नन्ति खेलन्ति प्रविशन्ति स्वभावतः॥२५॥

ಮಯ್ಯನನ್ತಮಹಾಮ್ಭೋಧಾವಾಶ್ಚರ್ಯಂ ಜೀವವೀಚಯಃ ।

ಉದ್ಯನ್ತಿ ಘ್ನನ್ತಿ ಖೇಲನ್ತಿ ಪ್ರವಿಶನ್ತಿ ಸ್ವಭಾವತಃ ॥ ೨೫ ॥

25.

얼마나 경이로운지요!

제 참나의 끝없는 바다에서

개별적인 존재들의 파도가

각자의 성품[10]에 따라 일어나

서로 부딪치며 놀다가 사라집니다.

10 까르마

तृतीयोऽध्यायः ॥ अष्टावक्र उवाच —

अविनाशिनमात्मानमेकं विज्ञाय तत्त्वतः। तवात्मज्ञस्य धीरस्य कथमर्थार्जने रतिः ॥१॥

ತೃತೀಯೋಽಧ್ಯಾಯಃ

ಅಷ್ಟಾವಕ್ರ ಉವಾಚ—

ಅವಿನಾಶಿನಮಾತ್ಮಾನಮೇಕಂ ವಿಜ್ಞಾಯ ತತ್ತ್ವತಃ ।

ತವಾತ್ಮಜ್ಞಸ್ಯ ಧೀರಸ್ಯ ಕಥಮರ್ಥಾರ್ಜನೇ ರತಿಃ ॥ ೧ ॥

제3장 • 구도자의 단계

아슈따바끄라가 말했습니다.

1.

그대의 참나는

파괴될 수 없으며,

하나라는 것을 알아

고요한 그대가,

부의 취득에 집착을 느끼는 것은

어찌된 일입니까?

आत्माज्ञानादहोप्रीतिर्विषय भ्रमगोचरे ।शुक्तेरज्ञानतोलोभोयथारजंतविभ्रमे ॥ २ ॥

ಆತ್ಮಾಜ್ಞಾನಾದಹೋ ಪ್ರೀತಿರ್ವಿಷಯಭ್ರಮಗೋಚರೇ ।
ಶುಕ್ತೇರಜ್ಞಾನತೋ ಲೋಭೋ ಯಥಾ ರಜತವಿಭ್ರಮೇ ॥೨॥

2.

은광택이 나는 조개껍질을
은으로 보아 탐욕이 일어나듯이,
참나에 대한 무지로,
환영인 지각 대상에 대한 집착이 일어납니다.

विश्वं स्फुरतियत्रेदं तरङ्गा इवसागरे। सोहमस्मीतिविज्ञाय किंदीनइव धावसि॥ ३॥

ವಿಶ್ವಂ ಸ್ಫುರತಿ ಯತ್ರೇದಂ ತರಙ್ಗಾ ಇವ ಸಾಗರೇ ।

ಸೋಽಹಮಸ್ಮೀತಿ ವಿಜ್ಞಾಯ ಕಿಂ ದೀನ ಇವ ಧಾವಸಿ ॥ ೩ ॥

3.

바다의 파도처럼

그대 안에서 세상이 일어나고 사라집니다.

"나는 그것이다."를 안 그대가

무엇이 부족하여

비참한 사람처럼 이리저리 뛰어다닙니까?

श्रुत्वापि शुद्धचैतन्यमात्मानमतिसुन्दरम्। उपस्थेऽत्यन्तसंसक्तो मालिन्यमधिगच्छति॥४॥

ಶ್ರುತ್ವಾಪಿ ಶುದ್ಧಚೈತನ್ಯಮಾತ್ಮಾನಮತಿಸುನ್ದರಮ್ ।
ಉಪಸ್ಥೇಽತ್ಯನ್ತಸಂಸಕ್ತೋ ಮಾಲಿನ್ಯಮಧಿಗಚ್ಛತಿ ॥ ೪ ॥

4.

자신의 참나가 순수 의식이며

아름다움이 무한하다는 말을

그대는 듣지 않았습니까?

그런 사람이 어떻게 감각의 대상들에 깊이 집착하여

불결해질 수 있습니까?

सर्वभूतेषुचात्मानंसर्वभूतानिचात्मनि।मुनेर्जानतआश्चर्यंममत्वमनुवर्तते॥५॥

ಸರ್ವಭೂತೇಷು ಚಾತ್ಮಾನಂ ಸರ್ವಭೂತಾನಿ ಚಾತ್ಮನಿ ।
ಮುನೇರ್ಜಾನತ ಆಶ್ಚರ್ಯಂ ಮಮತ್ವಮನುವರ್ತತೇ ॥೫॥

5.

참나가 모든 것 안에 있고
모든 것 안에 참나가 있다는 것을 깨달은 사람에게
"이것은 나의 것이다."라는 생각이
여전히 있다니 이상합니다.

आस्थितःपरमाद्वैतंमोक्षार्थेपिव्यवस्थितः।आश्चर्यंकामवशगोविकलःकेलिशिक्षया॥६॥

ಆಸ್ಥಿತಃ ಪರಮಾದ್ವೈತಂ ಮೋಕ್ಷಾರ್ಥೇಽಪಿ ವ್ಯವಸ್ಥಿತಃ ।
ಆಶ್ಚರ್ಯಂ ಕಾಮವಶಗೋ ವಿಕಲಃ ಕೇಲಿಶಿಕ್ಷಯಾ ॥ ೬ ॥

6.

모든 것 너머의 하나에 거주하면서
해방을 열망하는 사람이
아직도 감각 쾌락의 지배를 받아
방탕한 생활을 하고 있다니
이상한 일입니다.

द्भूतंज्ञानदुर्मित्रमवधार्यातिदुर्बलः।आश्चर्यं काममाकांक्षेत् कालमन्तमनुश्रितः॥७॥

ಉದ್ಭೂತಂ ಜ್ಞಾನದುರ್ಮಿತ್ರಮವಧಾರ್ಯಾತಿದುರ್ಬಲಃ ।
ಆಶ್ಚರ್ಯಂ ಕಾಮಮಾಕಾಂಕ್ಷೇತ್ ಕಾಲಮನ್ತಮನುಶ್ರಿತಃ ॥

7.

감각 쾌락이
지식의 적임을 알면서도,
극도로 쇠약해져 삶의 마지막 날에 이른 사람이
여전히 감각의 즐거움을 탐하다니
이상합니다.

इहामुत्रविरक्तस्य नित्यानित्यविवेकिनः। आश्चर्यं मोक्षकामस्य मोक्षादेव विभीषिका॥८॥

ಇಹಾಮುತ್ರ ವಿರಕ್ತಸ್ಯ ನಿತ್ಯಾನಿತ್ಯವಿವೇಕಿನಃ।
ಆಶ್ಚರ್ಯಂ ಮೋಕ್ಷಕಾಮಸ್ಯ ಮೋಕ್ಷಾದೇವ ಬಿಭೀಷಿಕಾ ॥

8.

이 세상과 다음 세상의
대상들에 집착하지 않고,
영원한 것과 영원하지 않은 것을 식별하며,
해방을 고대하는 이가
해방 그 자체를 두려워하다니 이상합니다.

ीरस्तु भोज्यमानोपि पीड्यमानोपि सर्वदा। आत्मानं केवलं पश्यन् न तुष्यति न कुप्यति॥९॥

ಧೀರಸ್ತು ಭೋಜ್ಯಮಾನೋಽಪಿ ಪೀಡ್ಯಮಾನೋಽಪಿ ಸರ್ವದಾ।
ಆತ್ಮಾನಂ ಕೇವಲಂ ಪಶ್ಯನ್ ನ ತುಷ್ಯತಿ ನ ಕುಪ್ಯತಿ ॥ ೯ ॥

9.

절대적인 참나를 늘 보는

현명한 사람은

대접을 받든

괴롭힘을 당하든

기뻐하지도 화내지도 않습니다.

चेष्टमानंशरीरंस्वंपश्यत्यन्यशरीरवत् । संस्तवेचापि निन्दायां कथं क्षुभ्येत् महाशयः ॥१०॥

ಚೇಷ್ಟಮಾನಂ ಶರೀರಂ ಸ್ವಂ ಪಶ್ಯತ್ಯನ್ಯಶರೀರವತ್ ।
ಸಂಸ್ತವೇ ಚಾಪಿ ನಿನ್ದಾಯಾಂ ಕಥಂ ಕ್ಷುಭ್ಯೇತ್ ಮಹಾಶಯಃ॥

10.

고매한 영혼은
자신의 몸의 행동을
마치 다른 사람의 몸의 행동인 양 목격합니다.
그러므로 어떻게 그가
칭찬과 비난에 혼란될 수 있겠습니까?

मायामात्रमिदं विश्वं पश्यन् विगतकौतुकः।अपि सन्निहिते मृत्यौ कथं त्रस्यति धीरधीः॥११॥

ಮಾಯಾಮಾತ್ರಮಿದಂ ವಿಶ್ವಂ ಪಶ್ಯನ್ ವಿಗತಕೌತುಕಃ ।
ಅಪಿ ಸನ್ನಿಹಿತೇ ಮೃತ್ಯೌ ಕಥಂ ತ್ರಸ್ಯತಿ ಧೀರಧೀಃ ॥ ೧೧ ॥

11.

이 우주는 그저
환영에 불과하다는 것을 알아
우주에 있는 모든 것들에 대한
흥미를 잃어버린 사람이
죽음의 다가옴에 대하여
어찌 두려워할 수 있겠습니까?

निस्पृहंमानसंयस्यनैराश्येपिमहात्मनः।तस्यात्मज्ञानतृप्तस्यतुलनाकेनजायते॥१२॥

ನಿಸ್ಪೃಹಂ ಮಾನಸಂ ಯಸ್ಯ ನೈರಾಶ್ಯೇಽಪಿ ಮಹಾತ್ಮನಃ ।
ತಸ್ಯಾತ್ಮಜ್ಞಾನತೃಪ್ತಸ್ಯ ತುಲನಾ ಕೇನ ಜಾಯತೇ । ೧೨ ।

12.

참나 지식으로 만족하고,

심지어 낙담 중에도

바라는 것이 아무 것도 없는

고매한 영혼을

어느 누구와 비교할 수 있겠습니까?

स्वभावादेवजानानोदृश्यमेतन्नकिञ्चन।इदंग्राह्यमिदंत्याज्यंसकिंपश्यतिधीरधीः॥१३

ಸ್ವಭಾವಾದೇವ ಜಾನಾನೋ ದೃಶ್ಯಮೇತನ್ನ ಕಿಞ್ಚನ।
ಇದಂ ಗ್ರಾಹ್ಯಮಿದಂ ತ್ಯಾಜ್ಯಂ ಸ ಕಿಂ ಪಶ್ಯತಿ ಧೀರಧೀಃ ॥

13.

자신이 보는 무엇이나
무라는 것을 아는
흔들림 없는 마음을 지닌 사람이
왜 하나는 받아 들일만 하고
다른 것은 거부합니까?

न्तस्त्यक्तकषायस्यनिर्द्वन्द्वस्यनिराशिषः।यदृच्छयागतोभोगोनदुःखायनतुष्टये॥१४॥

ಅನ್ತಸ್ತ್ಯಕ್ತಕಷಾಯಸ್ಯ ನಿರ್ದ್ವನ್ದ್ವಸ್ಯ ನಿರಾಶಿಷಃ ।
ಯದೃಚ್ಛಯಾಗತೋ ಭೋಗೋ ನ ದುಃಖಾಯ ನ ತುಷ್ಟಯೇ ॥

14.

자신의 마음으로부터
세상적인 집착을 버렸고
상반되는 쌍들 너머에 있으며,
욕망으로부터 자유로운 사람은
자신에게 오는 경험이
기쁨이나 고통을 저절로 유발하지 않습니다.

चतुर्थोऽध्यायः ॥ अष्टावक्र उवाच —

हन्तात्मज्ञस्य धीरस्य खेलतो भोगलीलया । नहि संसारवाहीकैर्मूढैः सह समानता ॥१॥

ಚತುರ್ಥೋಽಧ್ಯಾಯಃ

ಅಷ್ಟಾವಕ್ರ ಉವಾಚ—

ಹನ್ತಾತ್ಮಜ್ಞಸ್ಯ ಧೀರಸ್ಯ ಖೇಲತೋ ಭೋಗಲೀಲಯಾ ।

ನ ಹಿ ಸಂಸಾರವಾಹೀಕೈರ್ಮೂಢೈಃ ಸಹ ಸಮಾನತಾ ॥ ೧ ॥

제4장 • 구도자의 경험

아슈따바끄라가 말했습니다.

1.

오, 참나를 안 현명한 사람은

삶의 게임을 유희합니다.

그는 짐을 진 짐승들처럼 사는

이 세상의 사람들과는 다릅니다.

।त्पदं प्रेप्सवो दीनाः शक्राद्याः सर्वदेवताः। अहो तत्र स्थितो योगी न हर्षमुपगच्छति ॥२॥

ಯತ್ಪದಂ ಪ್ರೇಪ್ಸವೋ ದೀನಾಃ ಶಕ್ರಾದ್ಯಾಃ ಸರ್ವದೇವತಾಃ।
ಅಹೋ ತತ್ರ ಸ್ಥಿತೋ ಯೋಗೀ ನ ಹರ್ಷಮುಪಗಚ್ಛತಿ ॥ ೨॥

2.

정말이지 요기는

인드라와 다른 모든 데바들이

갈망하다가 불행해지는

그 상태에 있더라도

우쭐해 하지 않습니다.

तज्ज्ञस्यपुण्यपापाभ्यां स्पर्शोह्यन्तर्नजायते।नह्याकाशस्यधूमेनदृश्यमानापिसंगतिः ॥३॥

ತಜ್ಜ್ಞಸ್ಯ ಪುಣ್ಯಪಾಪಾಭ್ಯಾಂ ಸ್ಪರ್ಶೋಽಹ್ಯನ್ತರ್ನಜಾಯತೇ।
ನ ಹ್ಯಾಕಾಶಸ್ಯ ಧೂಮೇನ ದೃಶ್ಯಮಾನಾಪಿ ಸಙ್ಗತಿಃ ॥ ೩ ॥

3.

하늘이

연기에 영향을 받는 듯하지만

영향을 받지 않고 있듯이.

참나를 안 사람의 가슴은

선행이나 악행에 영향을 받지 않습니다.

आत्मैवेदंजगत्सर्वंज्ञातंयेनमहात्मना।यदृच्छयावर्तमानंतंनिषेद्धुंक्षमेतकः॥४॥

ಆತ್ಮೈವೇದಂ ಜಗತ್ಸರ್ವಂ ಜ್ಞಾತಂ ಯೇನ ಮಹಾತ್ಮನಾ ।
ಯದೃಚ್ಛಯಾ ವರ್ತಮಾನಂ ತಂ ನಿಷೇದ್ಧುಂ ಕ್ಷಮೇತ ಕಃ ॥

4.

이 온 우주가 오로지
참나임을 안 위대한 영혼이
자신이 좋아하는 대로 사는 것을
누가 막을 수 있습니까?

आब्रह्मस्तम्बपर्यन्ते भूतग्रामे चतुर्विधे। विज्ञस्यैव हि सामर्थ्यमिच्छानिच्छाविवर्जने॥५॥

ಆಬ್ರಹ್ಮಸ್ತಮ್ಬಪರ್ಯನ್ತೇ ಭೂತಗ್ರಾಮೇ ಚತುರ್ವಿಧೇ ।
ವಿಜ್ಞಸ್ಯೈವ ಹಿ ಸಾಮರ್ಥ್ಯಮಿಚ್ಛಾನಿಚ್ಛಾವಿವರ್ಜನೇ ॥ ೫ ॥

5.

브람마로부터
풀 한 포기에 이르기까지
네[11] 종류의 존재들 중에서,
오직 현명한 사람만이
욕망과 혐오를 포기할 수 있습니다.

11 자궁에서 태어난, 알에서 태어난, 증기로 태어난, 싹으로 태어난

आत्मानमद्वयं कश्चिज्जानाति जगदीश्वरम् । यद्वेत्ति तत्स कुरुते न भयं तस्य कुत्रचित् ॥६॥

ಆತ್ಮಾನಮದ್ವಯಂ ಕಶ್ಚಿಜ್ಜಾನಾತಿ ಜಗದೀಶ್ವರಂ ।
ಯದ್ವೇತ್ತಿ ತತ್ ಸ ಕುರುತೇ ನ ಭಯಂ ತಸ್ಯ ಕುತ್ರಚಿತ್ ॥

6.

자신을
세상의 비이원의 주인Lord으로 아는 사람은
너무나 드뭅니다.
그것That을 아는 사람은
아무 것도 두려워하지 않습니다.

पञ्चमोऽध्यायः ॥ अष्टावक्र उवाच —

नतेसङ्गोऽस्तिकेनापि किंशुद्धस्त्यक्तुमिच्छसि सङ्घातविलयंकुर्वन्नेवमेवलयंव्रज ॥१॥

ಪಞ್ಚಮೋಽಧ್ಯಾಯಃ

ಅಷ್ಟಾವಕ್ರ ಉವಾಚ —

ನ ತೇ ಸಙ್ಗೋಽಸ್ತಿ ಕೇನಾಪಿ ಕಿಂ ಶುದ್ಧಸ್ತ್ಯಕ್ತುಮಿಚ್ಛಸಿ ।
ಸಙ್ಘಾತವಿಲಯಂ ಕುರ್ವನ್ನೇವಮೇವ ಲಯಂ ವ್ರಜ ॥ ೧ ॥

제5장 • 우주

아슈따바끄라가 말했습니다.

1.

그대는 무엇과도 접촉하지 않고 있습니다.
그러므로 이렇게 순수한 그대가
무엇을 포기하기를 원합니까?
몸, 감각, 마음과의 동일시를 그만두어,
그대 자신이 사라진 상태로 들어가십시오.

उदेति भवतो विश्वं वारिधेरिव बुद्बुदः। इति ज्ञात्वैकमात्मानमेवमेव लयं व्रज ॥ २॥

ಉದೇತಿ ಭವತೋ ವಿಶ್ವಂ ವಾರಿಧೇರಿವ ಬುದ್ಬುದಃ ।
ಇತಿ ಜ್ಞಾತ್ವೈಕಮಾತ್ಮಾನಮೇವಮೇವ ಲಯಂ ವ್ರಜ ॥ ೨ ॥

2.

바다에서 생겨나는 물거품처럼
우주는 그대 안으로부터 일어납니다.
그러므로 참나가 하나라는 것을 알고서
그대 자신이 사라진 상태로 들어가십시오.

प्रत्यक्षमप्यवस्तुत्वाद्विश्वं नास्त्यमले त्वयि। रज्जुसर्प इव व्यक्तमेवमेव लयं व्रज ॥३॥

ಪ್ರತ್ಯಕ್ಷಮಪ್ಯವಸ್ತುತ್ವಾದ್ವಿಶ್ವಂ ನಾಸ್ತ್ಯಮಲೇ ತ್ವಯಿ ।
ರಜ್ಜುಸರ್ಪ ಇವ ವ್ಯಕ್ತಮೇವಮೇವ ಲಯಂ ವ್ರಜ ॥ ೩ ॥

3.

밧줄에서 뱀이 보이는 것처럼,

분명해 보이는 이 우주는

감각으로는 존재할지라도

순수한 그대 안에는 존재하지 않습니다.

왜냐하면 그것은 실재가 아니기 때문입니다.

세상이 환영이라는 것을 알았기에,

그대 자신이 사라진 상태로 들어가십시오.

समदुःखसुखः पूर्ण आशानैराश्ययोः समः। समजीवितमृत्युः सन्नेवमेव लयं व्रज॥४॥

ಸಮದುಃಖಸುಖಃ ಪೂರ್ಣ ಆಶಾನೈರಾಶ್ಯಯೋಃ ಸಮಃ ।
ಸಮಜೀವಿತಮೃತ್ಯುಃ ಸನ್ನೇವಮೇವ ಲಯಂ ವ್ರಜ ॥ ೪ ॥

—୧ᵢ୨—

4.

그대는 완벽하고
불행과 행복,
희망과 절망, 삶과 죽음에서도 같습니다.
그러므로 이러한 방법으로
그대 자신이 사라진 상태로 들어가십시오.

षष्ठाऽध्यायः ॥ अष्टावक्र उवाच —

आकाशवदनन्तोऽहं घटवत्प्राकृतं जगत् । इति ज्ञानं तथैतस्य न त्यागो न ग्रहो लयः ॥१॥

ಷಷ್ಠಾಧ್ಯಾಯಃ

ಅಷ್ಟಾವಕ್ರ ಉವಾಚ —

ಆಕಾಶವದನನ್ತೋಽಹಂ ಘಟವತ್ ಪ್ರಾಕೃತಂ ಜಗತ್ ।

ಇತಿ ಜ್ಞಾನಂ ತಥೈತಸ್ಯ ನ ತ್ಯಾಗೋ ನ ಗ್ರಹೋ ಲಯಃ ॥

제6장 • 진정한 지식이란 무엇입니까?

아슈따바끄라가 말했습니다.

1.

나는 공간처럼 무한하며,

현상 세계는 항아리와 같습니다.

이것을 아는 것이 지식입니다.

따라서 포기할 것도,

받아들일 것도,

없앨 것도 없습니다.

महोदधिरिवाहं स प्रपञ्चो वीचिसन्निभः।इतिज्ञानं तथैतस्य न त्यागो न ग्रहो लयः ॥२॥

ಮಹೋದಧಿರಿವಾಹಂ ಸ ಪ್ರಪಞ್ಚೋ ವೀಚಿಸನ್ನಿಭಃ ।
ಇತಿ ಜ್ಞಾನಂ ತಥೈತಸ್ಯ ನ ತ್ಯಾಗೋ ನ ಗ್ರಹೋ ಲಯಃ ॥

2.

나는 바다와 같고
우주는 파도와 같습니다.
이것을 아는 것이 지식입니다.
따라서 포기할 것도,
받아들일 것도,
없앨 것도 없습니다.

अहंसशुक्तिसङ्काशोरूप्यवद्विश्वकल्पना।इतिज्ञानंतथैतस्यनत्यागोनग्रहोलयः॥३॥

അഹം സ ശുക്തിസങ്കാശോ രൂപ്യവദ്വിശ്വകല്പനാ ।

ഇതി ജ്ഞാനം തഥൈതസ്യ ന ത്യാഗോ ന ഗ്രഹോ ലയഃ ॥

3.

나는 조개 껍질과 같고

우주라는 환영은 거기에서 보이는

은광택과도 같습니다.

이것을 아는 것이 지식입니다.

따라서 포기할 것도,

받아들일 것도,

없앨 것도 없습니다.

अहंवासर्व भूतेषु सर्व भूतान्यथो मयि। इतिज्ञानंतथैतस्य नत्यागोनग्रहोलयः ॥४॥

ಅಹಂ ವಾ ಸರ್ವಭೂತೇಷು ಸರ್ವಭೂತಾನ್ಯಥೋ ಮಯಿ।

ಇತಿ ಜ್ಞಾನಂ ತಥೈತಸ್ಯ ನ ತ್ಯಾಗೋ ನ ಗ್ರಹೋ ಲಯಃ॥

4.

나는 참으로

모든 존재 안에 있으며,

모든 존재는 내 안에 있습니다.

이것을 아는 것이 지식입니다.

따라서 포기할 것도,

받아들일 것도,

없앨 것도 없습니다.

सप्तमाऽध्यायः ॥ जनक उवाच ।—

मय्यनन्तमहाम्भोधौ विश्वपोत इतस्ततः। भ्रमति स्वान्तवातेन न ममास्त्यसहिष्णुता ॥ ॥१॥

ಸಪ್ತಮಾಧ್ಯಾಯಃ

ಜನಕ ಉವಾಚ

ಮಯ್ಯನನ್ತಮಹಾಮ್ಭೋಧೌ ವಿಶ್ವಪೋತ ಇತಸ್ತತಃ।

ಭ್ರಮತಿ ಸ್ವಾನ್ತವಾತೇನ ನ ಮಮಾಸ್ತ್ಯಸಹಿಷ್ಣುತಾ ॥ ೧ ॥

제7장 • 실생활과 지식

자나까가 말했습니다.

1.

제 참나의 무한한 바다에서,

세상이라는 배가

그 자신의 바람으로 여기저기로 표류합니다.

저는 그것으로 영향을 받지 않습니다.

मय्यनन्तमहाम्भोधौ जगद्वीचिः स्वभावतः।उदेतु वाऽस्तमायातु नमेवृद्धिर्नचक्षतिः॥२॥

ಮಯ್ಯನನ್ತಮಹಾಮ್ಭೋಧೌ ಜಗದ್ವೀಚಿಃ ಸ್ವಭಾವತಃ ।
ಉದೇತು ವಾಽಸ್ತಮಾಯಾತು ನ ಮೇ ವೃದ್ಧಿರ್ನ ಚ ಕ್ಷತಿಃ ॥

2.

제 참나의 무한한 바다에서
세상의 파도가 일어나 사라지더라도,
저는 그것으로
얻거나 잃는 것이 없습니다.

मय्यनन्तमहाम्भोधौ विश्वं नाम विकल्पना। अतिशान्तो निराकार एतदेवाहमास्थितः॥३॥

ಮಯ್ಯನನ್ತಮಹಾಮ್ಭೋಧೌ ವಿಶ್ವಂ ನಾಮ ವಿಕಲ್ಪನಾ ।
ಅತಿಶಾನ್ತೋ ನಿರಾಕಾರ ಏತದೇವಾಹಮಾಸ್ಥಿತಃ ॥ ೩ ॥

3.

한없는 바다인 제 안에서
우주의 상상이 있습니다.
저는 아주 평온하며 형태가 없습니다.
저는 이렇게 홀로 있습니다.

नात्मा भावेषु नो भावस्तत्रानन्ते निरञ्जने। इत्यसक्तोऽस्पृहः शान्त एतदेवाहमास्थितः॥४॥

ನಾತ್ಮಾ ಭಾವೇಷು ನೋ ಭಾವಸ್ತತ್ರಾನನ್ತೇ ನಿರಞ್ಜನೇ ।
ಇತ್ಯಸಕ್ತೋಽಸ್ಪೃಹಃ ಶಾನ್ತ ಏತದೇವಾಹಮಾಸ್ಥಿತಃ ॥ ೪ ॥

4.

참나는 대상들 안에 있지 않고

영원하고 흠이 없는 참나 안에

대상이 있지도 않습니다.

그래서 그것은 집착과 혐오로부터 자유롭습니다.

저는 이렇게 홀로 있습니다.

अहो चिन्मात्रमेवाहमिन्द्रजालोपमं जगत्। अतो मम कथं कुत्र हेयोपादेयकल्पना ॥५॥

ಅಹೋ ಚಿನ್ಮಾತ್ರಮೇವಾಹಮಿನ್ದ್ರಜಾಲೋಪಮಂ ಜಗತ್।

ಅತೋ ಮಮ ಕಥಂ ಕುತ್ರ ಹೇಯೋಪಾದೇಯಕಲ್ಪನಾ ।

5.

오, 저는 참으로 순수 의식이며,

세상은 마술사의 쇼와 같습니다.

그러므로 저에게

거부와 수용이라는 생각이

어떻게 어디에 있을 수 있겠습니까!

अष्टमाध्यायः॥

तदा बन्धो यदा चित्तं किञ्चिद्वाञ्छति शोचति। किञ्चिन्मुञ्चति गृह्णाति किञ्चिद्धृष्यति कुप्यति॥

ಅಷ್ಟಮೋಧ್ಯಾಯಃ ॥१॥

ತದಾ ಬನ್ಧೋ ಯದಾ ಚಿತ್ತಂ ಕಿಞ್ಚಿದ್ವಾಞ್ಛತಿ ಶೋಚತಿ ।
ಕಿಞ್ಚಿನ್ಮುಞ್ಚತಿ ಗೃಹ್ಣಾತಿ ಕಿಞ್ಚಿದ್ಧೃಷ್ಯತಿ ಕುಪ್ಯತಿ ।೧।

제8장 • 무지와 지식

아슈따바끄라가 말했습니다.

1.

마음이
어떤 것을 바라거나, 어떤 것을 슬퍼하거나,
어떤 것을 거절하거나, 어떤 것을 받아들이거나,
어떤 것에 기뻐하거나, 어떤 것에 화를 낼 때가
속박입니다.

तदामुक्तिर्यदाचित्तंनवाञ्छतिनशोचति।नमुञ्चतिनगृह्णातिनहृष्यतिनकुप्यति॥२॥

ತದಾ ಮುಕ್ತಿರ್ಯದಾ ಚಿತ್ತಂ ನ ವಾಞ್ಛತಿ ನ ಶೋಚತಿ ।
ನ ಮುಞ್ಚತಿ ನ ಗೃಹ್ಣಾತಿ ನ ಹೃಷ್ಯತಿ ನ ಕುಪ್ಯತಿ ॥ ೨ ॥

2.

마음이

어떤 것을 바라거나,

슬퍼하거나,

거부하거나,

기뻐하거나,

화를 내지 않을 때

해방이 있습니다.

तदाबन्धो यदा चित्तं सक्तं कास्वपि दृष्टिषु । तदा मोक्षो यदा चित्तमसक्तं सर्वदृष्टिषु ॥ ३॥

ತದಾ ಬನ್ಧೋ ಯದಾ ಚಿತ್ತಂ ಸಕ್ತಂ ಕಾಸ್ವಪಿ ದೃಷ್ಟಿಷು ।

ತದಾ ಮೋಕ್ಷೋ ಯದಾ ಚಿತ್ತಮಸಕ್ತಂ ಸರ್ವದೃಷ್ಟಿಷು ॥

3.

마음이

감각들 중

어느 하나에 집착될 때

속박이 있습니다.

마음이

어떤 감각 경험에도 집착하지 않을 때

해방이 있습니다.

यदा नाहं तदा मोक्षो यदाहं बन्धनं तदा। मत्वेति हेलया किञ्चित् मा गृहाण विमुञ्च मा ॥४॥

ಯದಾ ನಾಹಂ ತದಾ ಮೋಕ್ಷೋ ಯದಾಹಂ ಬನ್ಧನಂ. ತದಾ।

ಮತ್ವೇತಿ ಹೇಲಯಾ ಕಿಞ್ಚಿತ್ ಮಾ ಗೃಹಾಣ ವಿಮುಞ್ಚ ಮಾ ॥

4.

'나'가 없을 때

해방이 있고,

'나'가 있을 때 굴레가 있습니다.

이것을 깊이 생각하고는,

어떤 것을 받아들이거나

어떤 것을 거부하지 마십시오.

नवमाऽध्यायः ॥

अष्टावक्र उवाच —

कृताकृते च द्वन्द्वानि कदा शान्तानि कस्य वा । एवं ज्ञात्वेह निर्वेदाद्भव त्यागपरोऽव्रती ॥ १ ॥

ನವಮೋಽಧ್ಯಾಯಃ

ಅಷ್ಟಾವಕ್ರ ಉವಾಚ —

ಕೃತಾಕೃತೇ ಚ ದ್ವನ್ದ್ವಾನಿ ಕದಾ ಶಾನ್ತಾನಿ ಕಸ್ಯ ವಾ ।

ಏವಂ ಜ್ಞಾತ್ವೇಹ ನಿರ್ವೇದಾದ್ಭವ ತ್ಯಾಗಪರೋಽವ್ರತೀ ॥

제9장 • 구도자와 세상

아슈따바끄라가 말했습니다.

1.

행한 의무와 행하지 않은 의무,

이와 같은 상반되는 힘이

언제 그리고 누구에게 끝나겠습니까?

이것을 알고 완전한

무심으로 포기에 전념하고

욕망을 가지지 마십시오.

कस्यापि तात धन्यस्य लोकचेष्टावलोकनात् । जीवितेच्छा बुभुक्षा च बुभुत्सोपशमं गताः ॥२॥

ಕಸ್ಯಾಪಿ ತಾತ ಧನ್ಯಸ್ಯ ಲೋಕಚೇಷ್ಟಾವಲೋಕನಾತ್ ।

ಜೀವಿತೇಚ್ಛಾ ಬುಭುಕ್ಷಾ ಚ ಬುಭುತ್ಸೋಪಶಮಂ ಗತಾಃ ॥

2.

사람들이 살아가지만

행복을 얻지 못한다는 것을 관찰하고서,

살고 즐기고 알고자하는 욕망이 사라져 버린

그런 행운의 사람은 드뭅니다.

अनित्यं सर्वमेवेदं तापत्रितयदूषितम् । असारं निन्दितं हेयमिति निश्चित्य शाम्यति ॥ ३॥

ಅನಿತ್ಯಂ ಸರ್ವಮೇವೇದಂ ತಾಪತ್ರಿತಯದೂಷಿತಮ್ ।
ಅಸಾರಂ ನಿನ್ದಿತಂ ಹೇಯಮಿತಿ ನಿಶ್ಚಿತ್ಯ ಶಾಮ್ಯತಿ ॥ ೩ ॥

3.

이 모든 것은 일시적이며,
세 겹[12]의 불행으로 오염되어 있습니다.
그것은 실체가 없고, 경멸할 만하며,
거부당할 만하다는 것을 아는 사람은
평화를 얻습니다.

---

12 마음과 몸에 기인한 불행, 생물과 무생물에 의한 불행, 재난에 의한 불행

कोसौकालोवयः किंवायत्रद्वन्द्वानिनोनृणाम्। तान्युपेक्ष्ययथाप्राप्तवर्तीसिद्धिमवाप्नुयात्॥४॥

ಕೋಽಸೌಕಾಲೋವಯಃಕಿಂವಾಯತ್ರದ್ವನ್ದ್ವಾನಿನೋನೃಣಾಂ

ತಾನ್ಯುಪೇಕ್ಷ್ಯ ಯಥಾ ಪ್ರಾಪ್ತವರ್ತೀ ಸಿದ್ಧಿಮವಾಪ್ನುಯಾತ್ ॥

4.

상반되는 쌍들이

존재하지 않는

시간이나 시대가 있었습니까?

이러한 것들을 그만 두고

오는 것에 만족하는 사람은

완성에 이릅니다.

नानामतं महर्षीणां साधूनां योगिनां तथा। दृष्ट्वा निर्वेदमापन्नः को न शाम्यति मानवः ॥५॥

ನಾನಾಮತಂಮಹರ್ಷೀಣಾಂಸಾಧೂನಾಂಯೋಗಿನಾಂತಥಾ।

ದೃಷ್ಟ್ವಾ ನಿರ್ವೇದಮಾಪನ್ನಃ ಕೋ ನ ಶಾಮ್ಯತಿ ಮಾನವಃ ॥

5.

위대한 현자, 성자, 요기들의

다양한 견해들은

서로 일치하는 것이 적습니다.

이것을 알고서,

그들의 견해에 무심하게 된 사람은

평화에 이릅니다.

कृत्वामूर्तिपरिज्ञानंचैतन्यस्यनकिंगुरुः। निर्वेदसमतायुक्त्यायस्तारयतिसंसृतेः॥६॥

ಕೃತ್ವಾ ಮೂರ್ತಿಪರಿಜ್ಞಾನಂ ಚೈತನ್ಯಸ್ಯ ನ ಕಿಂ ಗುರುಃ ।

ನಿರ್ವೇದಸಮತಾಯುಕ್ತ್ಯಾ ಯಸ್ತಾರಯತಿ ಸಂಸೃತೇಃ ॥

6.

모든 것이 같다는 것을 알아

무심하며,

모든 것의 이치를 알아

고요하며,

자신의 진정한 성품인

의식의 정수를 안 사람이

진정한 스승이 아니겠습니까?

पश्य भूतविकारांस्त्वं भूतमात्रान्यथार्थतः। तत्क्षणाद्बन्धनिर्मुक्तः स्वरूपस्थो भविष्यसि ॥७॥

ಪಶ್ಯ ಭೂತವಿಕಾರಾಂಸ್ತ್ವಂಭೂತಮಾತ್ರಾನ್ ಯಥಾರ್ಥತಃ।
ತತ್ಕ್ಷಣಾದ್ಬನ್ಧನಿರ್ಮುಕ್ತಃ ಸ್ವರೂಪಸ್ಥೋ ಭವಿಷ್ಯಸಿ ॥ ೭ ॥

7.

우주의 무수한 형상에서

기본 원소만을 보는 사람은

즉시 자유로워져

참나 안에 있게 될 것입니다.

वासनाएवसंसारइतिसर्वाविमुञ्चताः। तत्त्यागोवासनात्यागात् स्थितिरद्ययथातथा ॥ ८॥

ವಾಸನಾ ಏವ ಸಂಸಾರ ಇತಿ ಸರ್ವಾ ವಿಮುಞ್ಚ ತಾಃ ।

ತತ್ತ್ಯಾಗೋ ವಾಸನಾತ್ಯಾಗಾತ್ ಸ್ಥಿತಿರದ್ಯ ಯಥಾ ತಥಾ ।

8.

오로지 욕망이 삼사라(세상)입니다.

이것을 알고,

욕망을 버리십시오.

욕망의 포기가 세상의 포기입니다.

이제 그대는

어디에서든 살아도 좋습니다.

दशमोऽध्यायः ॥

विहायवैरिणंकाममर्थंचानर्थसंकुलम् । धर्ममप्येतयोर्हेतुंसर्वत्रानादरंकुरु ॥१॥

ದಶಮೋಽಧ್ಯಾಯಃ

ವಿಹಾಯ ವೈರಿಣಂ ಕಾಮಮರ್ಥಂ ಚಾನರ್ಥಸಂಕುಲಮ್ ।
ಧರ್ಮಮಪ್ಯೇತಯೋರ್ಹೇತುಂ ಸರ್ವತ್ರಾನಾದರಂ ಕುರು ॥

제10장 • 평화(휴식)

아슈따바끄라가 말했습니다.

1.

적인 까마(욕망),

해를 동반하는 아르따(부)뿐 아니라

이 둘의 원인인 다르마(좋은 행위)를 버리십시오.

그것들에 무심하십시오.

स्वप्नेंद्रजालवत्पश्य दिनानि त्रीणि पञ्चवा। मित्रक्षेत्रधनागारदारदायादिसम्पदः॥२॥

ಸ್ವಪ್ನೇಂದ್ರಜಾಲವತ್ ಪಶ್ಯ ದಿನಾನಿ ತ್ರೀಣಿ ಪಞ್ಚ ವಾ ।
ಮಿತ್ರಕ್ಷೇತ್ರ ಧನಾಗಾರದಾರದಾಯಾದಿಸಮ್ಪದಃ ॥ ೨ ॥

2.

친구, 땅, 재산, 집,

배우자, 선물, 행운을

사나흘쯤 지속되는 꿈이나

마술사의 쇼로 여기십시오.

यत्रयत्र भवेत् तृष्णा संसारं विद्धि तत्र वै । प्रौढवैराग्यमाश्रित्य वीततृष्णः सुखी भव ॥३॥

ಯತ್ರ ಯತ್ರ ಭವೇತ್ ತೃಷ್ಣಾ ಸಂಸಾರಂ ವಿದ್ಧಿ ತತ್ರ ವೈ ।
ಪ್ರೌಢವೈರಾಗ್ಯಮಾಶ್ರಿತ್ಯ ವೀತತೃಷ್ಣಃ ಸುಖೀ ಭವ ॥ ೩ ॥

3.

욕망이 있으면

세상(삼사라)이 있습니다.

무집착에 확고히 있으십시오.

욕망 너머로 가

행복 하십시오.

तृष्णामात्रात्मको बन्धः तन्नाशो मोक्ष उच्यते। भवासंसक्तिमात्रेण प्राप्तितुष्टिर्मुहुर्मुहुः॥४॥

ತೃಷ್ಣಾಮಾತ್ರಾತ್ಮಕೋ ಬನ್ಧಃ ತನ್ನಾಶೋ ಮೋಕ್ಷ ಉಚ್ಯತೇ।
ಭವಾಸಂಸಕ್ತಿಮಾತ್ರೇಣ ಪ್ರಾಪ್ತಿತುಷ್ಟಿರ್ಮುಹುರ್ಮುಹುಃ॥

4.

굴레는 다름이 아니라

욕망입니다.

욕망의 파괴는 해방입니다.

해방은

변화하는 것들에 집착하지 않고

참나의 끊임없는 즐거움에 이르는 것입니다.

वमेकश्चेतनः शुद्धो जडंविश्वमसत्तथा। अविद्यापिनकिंचित्सा काबुभुत्सातथापिते॥५॥

ತ್ವಮೇಕಶ್ಚೇತನಃ ಶುದ್ಧೋ ಜಡಂ ವಿಶ್ವಮಸತ್ತಥಾ ।
ಅವಿದ್ಯಾಪಿ ನ ಕಿಂಚಿತ್ಸಾ ಕಾ ಬುಭುತ್ಸಾ ತಥಾಪಿ ತೇ ॥ ೫ ॥

5.

그대는 지성으로 있는
순수한 하나One입니다.
이 모든 것은 참나의 반사이며,
실재하지 않고 있습니다.
무지 또한 진정한 실체entity가 아닙니다.
그러한데 그대가 알아야 할 무엇이 있습니까?

राज्यं सुताः कलत्राणि शरीराणि सुखानि च। संसक्तस्यापि नष्टानि तव जन्मनि जन्मनि॥६॥

ರಾಜ್ಯಂ ಸುತಾಃ ಕಳತ್ರಾಣಿ ಶರೀರಾಣಿ ಸುಖಾನಿ ಚ ।
ಸಂಸಕ್ತಸ್ಯಾಪಿ ನಷ್ಟಾನಿ ತವ ಜನ್ಮನಿ ಜನ್ಮನಿ ॥ ೬ ॥

6.

왕국, 아들, 배우자,
몸, 쾌락[13]에 집착했었더라도,
그대는 거듭되는 탄생을 하면서
그것들을 잃었습니다.

13 다르마, 아르따, 까마는 목표로 삼을 가치가 없으며, 목샤를 강조한다.

नलमर्थेन कामेन सुकृतेनापि कर्मणा ।एभ्यः संसारकांतारे नविश्रान्तमभून्मनः ॥ ७॥

ಅಲಮರ್ಥೇನ ಕಾಮೇನ ಸುಕೃತೇನಾಪಿ ಕರ್ಮಣಾ ।

ಏಭ್ಯಃ ಸಂಸಾರಕಾಂತಾರೇ ನ ವಿಶ್ರಾನ್ತಮಭೂನ್ಮನಃ ॥ ೭ ॥

7.

부, 욕망, 좋은 행위들은

이제 충분합니다.

마음은 세상이라는 음울한 숲에서

이것들에 평화를 찾지 못했습니다.

कृतं न कति जन्मानि कायेन मनसा गिरा । दुःखमायासदं कर्म तदद्याप्युपरम्यताम् ॥८॥

ಕೃತಂ ನ ಕತಿ ಜನ್ಮಾನಿ ಕಾಯೇನ ಮನಸಾ ಗಿರಾ ।

ದುಃಖಮಾಯಾಸದಂ ಕರ್ಮ ತದದ್ಯಾಪ್ಯುಪರಮ್ಯತಾಂ ॥

8.

그대는 얼마나 많은 생애 동안

몸, 마음, 말로

힘들고 고통스러웠습니까?

드디어,

이제 그만 두십시오.

एकादशोऽध्यायः ॥

भावाभावविकारश्च स्वभावादिति निश्चयी । निर्विकारो गतक्लेशः सुखेनैवोपशाम्यति ॥१॥

ಏಕಾದಶೋಽಧ್ಯಾಯಃ

ಭಾವಾಭಾವವಿಕಾರಶ್ಚ ಸ್ವಭಾವಾದಿತಿ ನಿಶ್ಚಯೀ ।

ನಿರ್ವಿಕಾರೋ ಗತಕ್ಲೇಶಃ ಸುಖೇನೈವೋಪಶಾಮ್ಯತಿ ॥ ೧ ॥

제11장 • 삶 속의 지혜

아슈따바끄라가 말했습니다.

1.

모든 것들은

생겨나 변화하다가 사라집니다.

이것을 아는 사람은

고통에 동요되지 않고

자유로워져

쉽게 평화를 찾습니다.

ईश्वरः सर्वनिर्माता नेहान्य इति निश्चयी। अन्तर्गलितसर्वाशः शान्तः क्वापि न सज्जते ॥२॥

ಈಶ್ವರಃ ಸರ್ವನಿರ್ಮಾತಾ ನೇಹಾನ್ಯ ಇತಿ ನಿಶ್ಚಯೀ ।
ಅನ್ತರ್ಗಳಿತಸರ್ವಾಶಃ ಶಾನ್ತಃ ಕ್ವಾಪಿ ನ ಸಜ್ಜತೇ ॥ ೨ ॥

2.

이슈바라가 만물의 창조자이며
여기에 다른
어느 누구도 없다는 것을 확실히 알면,
그는 자신 안에 있는
모든 욕망들이 정지해
무엇에도 집착하지 않습니다.

आपदः संपदः काले दैवादेवेति निश्चयी । तृप्तः स्वस्थेन्द्रियो नित्यं न वाञ्छति न शोचति ॥३॥

ಆಪದಃ ಸಂಪದಃ ಕಾಲೇ ದೈವಾದೇವೇತಿ ನಿಶ್ಚಯೀ ।
ತೃಪ್ತಃ ಸ್ವಸ್ಥೇನ್ದ್ರಿಯೋ ನಿತ್ಯಂ ನ ವಾಞ್ಛತಿ ನ ಶೋಚತಿ ॥೩॥

3.

불운과 성공은
과거 행위의 결과로
그들 자신의 때가 되면 온다는 것을
확실히 아는 사람은
늘 만족하고,
자신의 모든 감각들을 통제하며,
바라지도 슬퍼하지도 않습니다.

सुखदुःखे जन्ममृत्यू दैवादेवेति निश्चयी । साध्यादर्शी निरायासः कुर्वन्नपि न लिप्यते ॥४॥

ಸುಖದುಃಖೇ ಜನ್ಮಮೃತ್ಯೂ ದೈವಾದೇವೇತಿ ನಿಶ್ಚಯೀ ।
ಸಾಧ್ಯಾದರ್ಶೀ ನಿರಾಯಾಸಃ ಕುರ್ವನ್ನಪಿ ನ ಲಿಪ್ಯತೇ ॥ ೪ ॥

4.

행복과 불행, 탄생과 죽음은
자신의 운명에서 오며
자신이 욕망하는 것을 이룰 수 없다는 것을
확실히 아는 사람은
무행위의 사람이 되며,
비록 행위를 하더라도
집착하지 않습니다.

चिन्तया जायते दुःखं नान्यथेहेति निश्चयी । तयाहीनः सुखी शान्तः सर्वत्रगलितस्पृहः ॥५॥

ಚಿನ್ತ್ರಯಾ ಜಾಯತೇ ದುಃಖಂ ನಾನ್ಯಥೇಹೇತಿ ನಿಶ್ಚಯೀ ।
ತಥಾ(ಯಾ) ಹೀನಃ ಸುಖೀ ಶಾಂತಃ ಸರ್ವತ್ರಗಳಿತಸ್ಪೃಹಃ ॥ ೫ ॥

5.

이 세상에서는

걱정이 불행을 낳는다는 것을 깨달은 사람은

그것으로부터 자유로워져서

행복하고 평화로우며

어디에서나 욕망을 없앱니다.

नाहंदेहो नमेदेहो बोधोहमिति निश्चयी।कैवल्यमिवसंप्राप्तो नस्मरत्यकृतं कृतम्॥६॥

ನಾಹಂದೇಹೋ ನಮೇದೇಹೋ ಬೋಧೋಽಹಮಿತಿನಿಶ್ಚಯೀ ।
ಕೈವಲ್ಯಮಿವ ಸಂಪ್ರಾಪ್ತೋ ನ ಸ್ಮರತ್ಯಕೃತಂ ಕೃತಂ ॥ ೬ ॥

6.

"나는 몸이 아니며,
몸도 나의 것이 아니다.
나는 의식이다." 라는 것을 확실히 아는 사람은
지고한 상태를 얻습니다.
그는 한 일이나 하지 않은 일을
더 이상 기억하지 않습니다.

आब्रह्मस्तम्बपर्यन्तं अहमेवेति निश्चयी । निर्विकल्पः शुचिः शान्तः प्राप्ताप्राप्तविनिर्वृतः ॥७॥

ಆಬ್ರಹ್ಮಸ್ತಮ್ಬಪರ್ಯನ್ತಂ ಅಹಮೇವೇತಿ ನಿಶ್ಚಯೀ ।

ನಿರ್ವಿಕಲ್ಪಃ ಶುಚಿಃ ಶಾನ್ತಃ ಪ್ರಾಪ್ತಾಪ್ರಾಪ್ತವಿನಿರ್ವೃತಃ ॥

7.

"나는 브람마[14]로부터 풀 한 포기에 이르기까지
그 모든 것 안에 있다."라는 것을 확실히 아는 사람은
생각의 갈등으로부터 자유로워지고,
순수하고 평화로워집니다.
그래서 무엇이 얻어지고
무엇이 얻어지지 않는지에 대한
걱정으로부터 자유로워집니다.

14 창조자

नानाश्चर्यमिदंविश्वंनकिञ्चिदितिनिश्चयी।निर्वासनःस्फूर्तिमात्रोनकिञ्चिदिवशाम्यति॥८॥

ನಾನಾಶ್ಚರ್ಯಮಿದಂ ವಿಶ್ವಂ ನ ಕಿಞ್ಚಿದಿತಿ ನಿಶ್ಚಯೀ ।

ನಿರ್ವಾಸನಃ ಸ್ಫೂರ್ತಿಮಾತ್ರೋ ನ ಕಿಂಚಿದಿವ ಶಾಮ್ಯತಿ ॥ ೮॥

8.

이 다양하고 경이로운 우주가

무라는 것을 확실히 아는 사람은

욕망이 없어지고

순수 의식이 됩니다.

그는 아무것도 존재하지 않는 듯

평화를 발견합니다.

द्वादशोऽध्यायः ॥ जनक उवाच—
कायकृत्यासहः पूर्वं ततो वाग्विस्तरासहः । अथ चिन्तासहस्तस्मात् एवमेवाहमास्थितः ॥१॥

ದ್ವಾದಶೋಽಧ್ಯಾಯಃ

ಜನಕ ಉವಾಚ—

ಕಾಯಕೃತ್ಯಾಸಹಃ ಪೂರ್ವಂ ತತೋಽ ವಾಗ್ವಿಸ್ತರಾಸಹಃ ।
ಅಥ ಚಿನ್ತಾಸಹಸ್ತಸ್ಮಾತ್ ಏವಮೇವಾಹಮಾಸ್ಥಿತಃ ॥ ೧ ॥

제12장 • 지혜에 이르는 단계

자나까가 말했습니다.

1.

처음에 저는 몸의 행위[15]를,

그 다음에는 말을,

그 다음에는 생각을 참을 수 없게 되었습니다.

그러므로 그것들이 없이 있습니다.

15 수행은 거친 것에서 시작하여 미묘한 것으로 나아간다.

प्रीत्यभावेन शब्दादेरदृश्यत्वेनचात्मनः। विक्षेपैकाग्रहृदय एवमेवाहमास्थितः ॥२॥

ಪ್ರೀತ್ಯಭಾವೇನ ಶಬ್ದಾದೇರದೃಶ್ಯತ್ವೇನ ಚಾತ್ಮನಃ ।
ವಿಕ್ಷೇಪ್ಯೈಕಾಗ್ರಹೃದಯು ಏವಮೇವಾಹಮಾಸ್ಥಿತಃ ॥ ೨ ॥

2.

저는 소리 등과 같은

감각의 대상들에 아무런 집착이 없습니다.

참나는 지각의 대상이 아니기에,

저의 마음은 흩어짐이 없이

일점 지향으로 있습니다.

이렇게 저는 있습니다.

समाध्यासादि विक्षिप्तौ व्यवहारः समाधये। एवं विलोक्य नियम मेवमेवाहमास्थितः॥३॥

ಸಮಾಧ್ಯಾಸಾದಿ ವಿಕ್ಷಿಪ್ತೌ, ವ್ಯವಹಾರಃ ಸಮಾಧಯೇ ।
ಏವಂ ವಿಲೋಕ್ಯ ನಿಯಮಮೇವಮೇವಾಹಮಾಸ್ಥಿತಃ ॥ ೩ ॥

3.

무엇이 참나에 겹쳐져
산만할 때만 명상을 합니다.
이것을 규칙으로 하고서
저는 이렇게 있습니다.

हेयोपादेयविरहादेवं हर्षविषादयोः । अभावादद्य हे ब्रह्मन्नेवमेवाहमास्थितः ॥४॥

ಹೇಯೋಪಾದೇಯವಿರಹಾದೇವಂ ಹರ್ಷವಿಷಾದಯೋಃ ।
ಅಭಾವಾದದ್ಯ ಹೇ ಬ್ರಹ್ಮನ್ನೇವಮೇವಾಹಮಾಸ್ಥಿತಃ ॥ ೪ ॥

4.

아무 것도 받아들이거나 거부하지 않고,

아무런 기쁨이나 슬픔이 없이,

오 브람만[16]이시여,

저는 이렇게 있습니다.

16 절대자

आश्रमानाश्रमं ध्यानं चित्तस्वीकृतवर्जनं । विकल्पं मम वीक्ष्यैतैरेवमेवाहमास्थितः ॥५॥

ಆಶ್ರಮಾನಾಶ್ರಮಂ ಧ್ಯಾನಂ ಚಿತ್ತಸ್ವೀಕೃತವರ್ಜನಂ।
ವಿಕಲ್ಪಂ ಮಮ ವೀಕ್ಷ್ಯೈತೈರೇವಮೇವಾಹಮಾಸ್ಥಿತಃ ॥ ೫ ॥

5.

삶의 단계[17]나 단계 없는 삶,

명상, 마음의 대상의 포기,

이 모든 것들은 산만을 일으킵니다.

이 모든 것들이 없이

저는 있습니다.

---

17 학생의 삶, 가정의 삶, 은둔의 삶, 포기의 삶이라는 전통적인 네 단계.

कर्मानुष्ठानमज्ञानाद्यथैवोपरमस्तथा। बुध्वासम्यगिदंतत्वमेवमेवाहमास्थितः॥६।

ಕರ್ಮಾನುಷ್ಠಾನಮಜ್ಞಾನಾದ್ಯಥೈವೋಪರಮಸ್ತಥಾ ।
ಬುಧ್ವಾ ಸಮ್ಯಗಿದಂ ತತ್ವಮೇವಮೇವಾಹಮಾಸ್ಥಿತಃ ॥ ೬ ॥

6.

행위와 무행위는
무지로부터 일어납니다.
이것을 충분히 알고서
저는 이렇게[18] 있습니다.

---

18 이러한 것들이 전혀 문제가 되지 않는 참나에

अचिन्त्यं चिन्त्यमानोपि चिन्तारूपं भजत्यसौ। त्यक्त्वातद्भावनंतस्मादेवमेवाहमास्थितः॥6

ಅಚಿನ್ತ್ಯಂ ಚಿನ್ತ್ಯಮಾನೋಽಪಿ ಚಿನ್ತಾರೂಪಂ ಭಜತ್ಯಸೌ ।
ತ್ಯಕ್ತ್ವಾ ತದ್ಭಾವನಂ ತಸ್ಮಾದೇವಮೇವಾಹಮಾಸ್ಥಿತಃ ॥

7.

생각할 수 없는 하나One를

생각하는 것은

생각에 의지해야 합니다.

그러므로 그 생각을 포기하고

저는 이렇게[19] 있습니다.

---

19 생각 너머에

एवमेवकृतंयेनसकृतार्थोभवेदसौ।एवमेवस्वभावोयःसकृतार्थोभवेदसौ॥८॥

ಏವಮೇವ ಕೃತಂ ಯೇನ ಸ ಕೃತಾರ್ಥೋ ಭವೇದಸೌ ।

ಏವಮೇವ ಸ್ವಭಾವೋ ಯಃ ಸ ಕೃತಾರ್ಥೋ ಭವೇದಸೌ ॥

8.

이것을 성취한 사람은[20]

삶의 목표를 이루었습니다.

본래 그러한 성품인 사람은

이루어야 할 것을 이룬 사람입니다.

20 모든 행위 너머에 있는 참나를 깨달은

त्रयोदशाध्यायः ॥ जनक उवाच —

अकिंचनभवं स्वास्थ्यं कौपीनत्वेऽपि दुर्लभम् । त्यागादाने विहायास्मादहमासे यथासुखम् ॥१॥

ತ್ರಯೋದಶಾಧ್ಯಾಯಃ

ಜನಕ ಉವಾಚ —

ಅಕಿಂಚನಭವಂ ಸ್ವಾಸ್ಥ್ಯಂ ಕೌಪೀನತ್ವೇಽಪಿ ದುರ್ಲಭಮ್ ।

ತ್ಯಾಗಾದಾನೇ ವಿಹಾಯಾಸ್ಮಾತ್ ಅಹಮಾಸೇ ಯಥಾಸುಖಮ್ ॥

제13장 • 희열

자나까가 말했습니다,

1.

비록 간단한 옷 하나만 걸치고 있다 하더라도

참나 이외에는

아무 것도 없다는 것을 알아

고요한 사람은 매우 희귀합니다.

그러므로 포기와 수용을 버리고

저는 행복하게 삽니다.

कुत्रापि खेदः कायस्य जिह्वा कुत्रापि खिद्यते । मनः कुत्रापि तत्त्यक्त्वा पुरुषार्थे स्थितः सुखम् ॥ २॥

ಕುತ್ರಾಪಿ ಖೇದಃ ಕಾಯಸ್ಯ ಜಿಹ್ವಾ ಕುತ್ರಾಪಿ ಖಿದ್ಯತೇ ।
ಮನಃ ಕುತ್ರಾಪಿ ತತ್ತ್ಯಕ್ತ್ವಾ ಪುರುಷಾರ್ಥೇ ಸ್ಥಿತಃ ಸುಖಮ್ ॥

2.

몸은 수행으로 피곤하고,
혀는 경전들로 지쳤고,
마음은 명상으로 마비되었습니다.
저는 이것들을 버리고,
삶의 지고한 목표 안에서
행복하게 삽니다.

कृतं किमपि नैवस्यादिति सञ्चिन्त्य तत्त्वतः। यदा यत्कर्तुमायाति तत्कृत्वासे यथासुखम्॥३॥

ಕೃತಂ ಕಿಮಪಿ ನೈವಸ್ಯಾದಿತಿ ಸಞ್ಚಿನ್ತ್ಯ ತತ್ತ್ವತಃ ।
ಯದಾ ಯತ್ಕರ್ತುಮಾಯಾತಿ ತತ್ಕೃತ್ವಾಸೇ ಯಥಾಸುಖಂ ॥

3.

참나에 의해서 실제로
행해지는 것이 아무 것도 없음을
완전히 이해하고,
저는 무엇이든 스스로
되어지도록 하며
행복하게 삽니다.

कर्मनैष्कर्म्यनिर्बन्धभावाद्देहस्थयोगिनः। संयोगायोगविरहादहमासे यथासुखम्॥४॥

ಕರ್ಮನೈಷ್ಕರ್ಮ್ಯನಿರ್ಬನ್ಧಭಾವಾ ದೇಹಸ್ಥಯೋಗಿನಃ ।
ಸಂಯೋಗಾ ಯೋಗವಿರಹಾದಹಮಾಸೇ ಯಥಾಸುಖಮ್ ॥

4.

몸에 집착하는 요기들은
행위와 무행위를 주장합니다.
저는 몸과 관련이나 분리가 없기에[21],
행복하게 삽니다.

---

21 몸, 감각, 마음과의 완전한 탈동일시로

अर्थानर्थौ नमेस्थित्वा गत्यानशयनेनवा । तिष्ठन् गच्छन् स्वपंन् तस्मादहमासेयथासुखम्।
॥५॥

ಅರ್ಥಾನರ್ಥೌ ನ ಮೇ ಸ್ಥಿತ್ವಾ ಗತ್ಯಾ ನ ಶಯನೇನ ವಾ ।
ತಿಷ್ಠನ್ ಗಚ್ಛನ್ ಸ್ವಪನ್ ತಸ್ಮಾದಹಮಾಸೇ ಯಥಾಸುಖಮ್ ॥

5.

서거나, 앉거나, 걸음으로
저는 얻거나 잃는 것이 없습니다.
그러므로 서거나, 앉거나, 걷거나
저는 행복하게 삽니다.

स्वपतोनास्तिमेहानिःसिद्धिर्यत्नवतोनवा।नाशोल्लासौविहायास्मादहमासेयथासुखम्॥
॥६॥

ಸ್ವಪತೋ ನಾಸ್ತಿ ಮೇ ಹಾನಿಃ ಸಿದ್ಧಿರ್ಯತ್ನವತೋ ನ ವಾ।
ನಾಶೋಲ್ಲಾಸೌವಿಹಾಯಾಸ್ಮಾದಹಮಾಸೇಯಥಾಸುಖಮ್॥

6.

저는 잠을 잠으로써 잃거나,

노력함으로써 얻는 것이 없습니다.

그래서 저는 잃음과 얻음에 대한

생각을 버리고

행복하게 삽니다.

सुखादिरूपानियमं भावेष्वालोक्य भूरिशः। शुभाशुभे विहायास्मादहमासे यथासुखम्॥७॥

ಸುಖಾದಿರೂಪಾನಿಯಮಂ ಭಾವೇಷ್ವಾಲೋಕ್ಯ ಭೂರಿಶಃ ।

ಶುಭಾಶುಭೇ ವಿಹಾಯಾಸ್ಮಾದಹಮಾಸೇ ಯಥಾಸುಖಮ್ ।

7.

여러 상황에서 즐거움, 고통 등의

불일치를 계속해서 지켜보면서,

저는 그것들을 버리고

행복하게 삽니다.

चतुर्दशाऽध्यायः॥

जनक उवाच—

प्रकृत्या शून्यचित्तो यः प्रमादाद्भावभावनः। निद्रितो बोधितइव क्षीणसंसरणो हि सः॥१॥

ಚತುರ್ದಶಾಧ್ಯಾಯಃ

ಜನಕ ಉವಾಚ—

ಪ್ರಕೃತ್ಯಾ ಶೂನ್ಯಚಿತ್ತೋ ಯಃ ಪ್ರಮಾದಾದ್ಭಾವಭಾವನಃ।
ನಿದ್ರಿತೋ ಬೋಧಿತ ಇವ ಕ್ಷೀಣಸಂಸರಣೋ ಹಿ ಸಃ ॥೧॥

제14장 • 희열의 점검

자나까가 말했습니다.

1.

선천적으로 저의 마음은 비어 있습니다.

잠들어 있는 것처럼 보여도

저는 깨어있습니다.

저는 생각함이 없이

사물을 생각합니다.

세상에 대한 저의 모든 인상이 소진됐습니다.

क्व धनानि क्व मित्राणि क्व मे विषयदस्यवः। क्व शास्त्रं क्व च विज्ञानं यदा मे गलिता स्पृहा ॥२॥

ಕ್ವ ಧನಾನಿ ಕ್ವ ಮಿತ್ರಾಣಿ ಕ್ವ ಮೇ ವಿಷಯದಸ್ಯವಃ ।
ಕ್ವ ಶಾಸ್ತ್ರಂ ಕ್ವ ಚ ವಿಜ್ಞಾನಂ ಯದಾ ಮೇ ಗಲಿತಾ ಸ್ಪೃಹಾ ॥

2.

제 욕망이 녹아 사라졌을 때,
저의 부는 어디에 있으며,
저의 친구들은 어디에 있으며,
감각의 대상의 형상으로 있는 약탈자[22]들은 어디에 있으며,
경전들은 어디에 있으며,
지식은 또 어디에 있습니까?

---

22 참나의 지각을 빼앗아 감으로

विज्ञाते साक्षिपुरुषे परमात्मनिचेश्वरे । नैराश्ये बन्धमोक्षे च नचिन्तामुक्तये मम ॥३॥

ವಿಜ್ಞಾತೇ ಸಾಕ್ಷಿಪುರುಷೇ ಪರಮಾತ್ಮನಿ ಚೇಶ್ವರೇ ।
ನೈರಾಶ್ಯೇ ಬಂಧಮೋಕ್ಷೇ ಚ ನ ಚಿನ್ತಾ ಮುಕ್ತಯೇ ಮಮ ॥

3.

저는 목격자이자 신인
지고한 참나를 깨달았고,
속박과 해방에 대한
모든 욕망을 버렸기에
저는 해방에 대한 아무런 열망을 느끼지 않습니다.

अन्तर्विकल्पशून्यस्य बहिः स्वच्छंदचारिणः। भ्रान्तस्येव दशास्तास्तास्तादृशा एव जानते॥४॥

ಅನ್ತರ್ವಿಕಲ್ಪಶೂನ್ಯಸ್ಯ ಬಹಿಃ ಸ್ವಚ್ಛಂದಚಾರಿಣಃ ।

ಭ್ರಾನ್ತಸ್ಯೇವ ದಶಾಸ್ತಾಸ್ತಾಸ್ತಾದೃಶಾ ಏವ ಜಾನತೆ ॥ ೪ ॥

4.

저의 내면에는

아무런 의심이 없으며

밖으로는 바보처럼

환영의 세상을 돌아다닙니다.

저와 같은 상태에 있는 사람들만이

저를 이해합니다.

पंचदशाध्याय: ॥ अष्टावक्र उवाच—

यथातथोपदेशेन कृतार्थः सत्त्वबुद्धिमान् । आजीवमपि जिज्ञासुः परस्तत्र विमुह्यति ॥ १ ॥

ಪಂಚದಶಾಧ್ಯಾಯಃ

ಅಷ್ಟಾವಕ್ರ ಉವಾಚ—

ಯಥಾತಥೋಪದೇಶೇನ ಕೃತಾರ್ಥಃ ಸತ್ತ್ವಬುದ್ಧಿಮಾನ್ ।
ಆಜೀವಮಪಿ ಜಿಜ್ಞಾಸುಃ ಪರಸ್ತತ್ರ ವಿಮುಹ್ಯತಿ ॥ ೧ ॥

제15장 • 참나 깨달음

아슈따바끄라가 말했습니다.

1.

순수한 지성을 가진 사람은
우연히 들은 가르침에 의해서도
참나를 깨닫습니다.
다른 사람은
평생 동안 물어 보더라도
혼란에 빠집니다.

मोक्षो विषयवैरस्यं बन्धो वैषयिको रसः। एतावदेव विज्ञानं यथेच्छसि तथा कुरु॥२॥

ಮೋಕ್ಷೋ ವಿಷಯವೈರಸ್ಯಂ ಬಂಧೋ ವೈಷಯಿಕೋ ರಸಃ ।
ಏತಾವದೇವ ವಿಜ್ಞಾನಂ ಯಥೇಚ್ಛಸಿ ತಥಾ ಕುರು ॥ ೨ ॥

2.

감각의 대상에 대한
무집착은 해방입니다.
감각의 대상에 대한
사랑은 속박입니다.
이것이 바로 지식입니다.
이제 그대가 하고 싶은 대로 하십시오.

वाग्मिप्राज्ञमहोद्योगं जनं मूकजडालसम् । करोति तत्त्वबोधोऽयमतस्त्यक्तो बुभुक्षुभिः ॥३॥

ವಾಗ್ಮಿಪ್ರಾಜ್ಞಮಹೋದ್ಯೋಗಂ ಜನಂ ಮೂಕಜಡಾಲಸಮ್ ।
ಕರೋತಿತತ್ತ್ವಬೋಧೋಽಯಮತಸ್ತ್ಯಕ್ತೋ ಬುಭುಕ್ಷುಭಿಃ ॥

3.

진리에 대한 이 지식은
말을 잘 하고 현명하며 활동적인 사람을,
말이 없고, 조용하고, 활동이 없게 만듭니다.
이런 이유로
세상을 즐기고자 하는 사람들은
이 이해를 피합니다.

नत्वंदेहो नतेदेहो भोक्ताकर्ता नवा भवान्। चिद्रूपोसि सदा साक्षी निरपेक्षः सुखंचर ॥४॥

ನತ್ವಂದೇಹೋನತೇದೇಹೋಭೋಕ್ತಾ ಕರ್ತಾ ನವಾ ಭವಾನ್।
ಚಿದ್ರೂಪೋಽಸಿ ಸದಾ ಸಾಕ್ಷೀ ನಿರಪೇಕ್ಷಃ ಸುಖಂ ಚರ ॥ ೪ ॥

4.

그대는 몸이 아니며,
몸도 그대의 것이 아닙니다.
그대는 행위자도
행위의 결과를 거두어들이는 자도 아닙니다.
그대는 의식 그 자체이며,
영원한 목격자입니다.
그러므로 행복하게 사십시오.

रागद्वेषौ मनोधर्मौ नमनस्ते कदाचन। निर्विकल्पोसि बोधात्मा निर्विकारः सुखं चर॥५॥

ರಾಗದ್ವೇಷೌ ಮನೋಧರ್ಮೌ ನ ಮನಸ್ತೇ ಕದಾಚನ ।
ನಿರ್ವಿಕಲ್ಪೋಽಸಿ ಬೋಧಾತ್ಮಾ ನಿರ್ವಿಕಾರಃ ಸುಖಂ ಚರ ॥

5.

집착과 혐오는
마음의 내용입니다.
마음은 결코 그대의 것이 아닙니다.
그대는 갈등으로부터 자유로우며,
변화가 없는 의식 그 자체입니다.
어디를 가든 행복하십시오.

सर्व भूतेषु चात्मानं सर्व भूतानि चात्मनि। विज्ञायनिरहंकारो निर्ममस्त्वंसुखी भव ॥ ६॥

ಸರ್ವಭೂತೇಷು ಚಾತ್ಮಾನಂ ಸರ್ವಭೂತಾನಿ ಚಾತ್ಮನಿ ।
ವಿಜ್ಞಾಯ ನಿರಹಂಕಾರೋ ನಿರ್ಮಮಸ್ತ್ವಂ ಸುಖೀ ಭವ ॥

6.

모든 것 안에

참나가 있고

참나 안에

모든 것이 있다는 것을 깨달으십시오.

'나'와 '나의 것'이라는 의식으로부터 자유로워져

행복하십시오.

विश्वंस्फुरतियत्रेदं तरङ्गाइव सागरे । तत्त्वमेवनसन्देहश्चिन्मूर्ते विज्वरो भव ॥७॥

ವಿಶ್ವಂ ಸ್ಫುರತಿ ಯತ್ರೇದಂ ತರಙ್ಗಾ ಇವ ಸಾಗರೇ ।

ತತ್ತ್ವಮೇವ ನ ಸನ್ದೇಹಶ್ಚಿನ್ಮೂರ್ತೇ ವಿಜ್ವರೋ ಭವ ॥ ೭ ॥

7.

오, 의식 그 자체인 그대여,

그대 안에서 세상이 일어납니다.

의심의 여지없이

그대는 의식 그 자체입니다.

세상의 대상을 즐기려는

욕망으로부터 자유로워지십시오.

श्रद्धस्व तात श्रद्धस्व नात्र मोहं कुरुष्व भोः। ज्ञानस्वरूपो भगवानात्मा त्वं प्रकृतेः परः ॥८॥

ಶ್ರದ್ಧಸ್ವ ತಾತ ಶ್ರದ್ಧಸ್ವ ನಾತ್ರ ಮೋಹಂ ಕುರುಷ್ವ ಭೋಃ।
ಜ್ಞಾನಸ್ವರೂಪೋ ಭಗವಾನಾತ್ಮಾ ತ್ವಂ ಪ್ರಕೃತೇಃ ಪರಃ ॥ ೮ ॥

8.

믿음을 가지십시오,

나의 아들이여,

믿음을 가지십시오.

절대 이것에 미혹되지 마십시오.

그대는 지식 그 자체이며

신이며,

참나이며,

그대는 자연보다 우월합니다.

गुणैः संवेष्टितो देहस्तिष्ठत्यायाति याति च। आत्मा न गन्ता नागन्ता किमेनमनुशोचसि ॥९॥

ಗುಣೈಃ ಸಂವೇಷ್ಟಿತೋ ದೇಹಸ್ತಿಷ್ಠತ್ಯಾಯಾತಿ ಯಾತಿ ಚ।
ಆತ್ಮಾ ನ ಗನ್ತಾ ನಾಗನ್ತಾ ಕಿಮೇನಮನುಶೋಚಸಿ ॥ ೯ ॥

9.

몸은

세상의 재료로 만들어져 있습니다.

그것은 생겨나 머물다 사라집니다.

참나는 오지도 가지도 않으며,

같은 채로 있습니다.

왜 몸을 애석해합니까?

देहस्तिष्ठतु कल्पान्तं गच्छत्वद्यैव वा पुनः। क्व वृद्धिः क्व च वा हानिस्तव चिन्मात्ररूपिणः ॥१०॥

ದೇಹಸ್ತಿಷ್ಠತು ಕಲ್ಪಾನ್ತಂ ಗಚ್ಛತ್ವದ್ಯೈವ ವಾ ಪುನಃ ।
ಕ್ವ ವೃದ್ಧಿಃ ಕ್ವ ಚ ವಾ ಹಾನಿಸ್ತವ ಚಿನ್ಮಾತ್ರರೂಪಿಣಃ ॥ ೧೦ ॥

10.

몸이

시간의 끝까지 계속되게 내버려두거나

오늘 사라진다 해도,

순수 의식인 그대가

늘어나거나 줄어드는 것은 없습니다.

त्वय्यनन्तमहाम्भोधौ विश्ववीचिः स्वभावतः। उदेतु वास्तमायातु न ते वृद्धिर्न वा क्षतिः॥११॥

ತ್ವಯ್ಯನನ್ತಮಹಾಮ್ಭೋಧೌ ವಿಶ್ವವೀಚಿಃ ಸ್ವಭಾವತಃ।
ಉದೇತು ವಾಽಸ್ತಮಾಯಾತು ನ ತೇ ವೃದ್ಧಿರ್ನವಾ ಕ್ಷತಿಃ॥

11.

우주의 파도들이
무한한 바다인 그대 안에서
그들의 의지에 따라
일어나거나 사라지게 두십시오.
그것으로 그대가 얻거나 잃는 것은
아무 것도 없습니다.

तातचिन्मात्ररूपोसि नते भिन्नमिदंजगत्। अतः कस्य कथं कुत्र हेयोपादेयकल्पना ॥१२॥

ತಾತ ಚಿನ್ಮಾತ್ರರೂಪೋಽಸಿ ನ ತೇ ಭಿನ್ನಮಿದಂ ಜಗತ್ ।
ಅತಃ ಕಸ್ಯ ಕಥಂ ಕುತ್ರ ಹೇಯೋಪಾದೇಯಕಲ್ಪನಾ ॥೧೨॥

12.

그대는 순수 의식 그 자체입니다.
이 우주는 그대와 다르지 않습니다.
그대와 우주는 하나입니다.
그러므로 누가 받아들이거나 거부할 것입니까?
어떻게 어디에서
그가 그렇게 할 것입니까?

एकस्मिन्नव्यये शान्ते चिदाकाशेऽमले त्वयि। कुतो जन्म कुतो कर्म कुतोऽहंकार एव च॥१३॥

ಏಕಸ್ಮಿನ್ನವ್ಯಯೇ ಶಾನ್ತೇ ಚಿದಾಕಾಶೇಽಮಲೇ ತ್ವಯಿ ।
ಕುತೋ ಜನ್ಮ ಕುತೋ ಕರ್ಮ ಕುತೋಽಹಂಕಾರ ಏವ ಚ ॥

13.

하나이며, 불변이며, 고요하며,

오점이 없으며,

무한한 의식인 그대에게

탄생, 행위,

그리고 '나'가 어디에 있을 수 있습니까?

यत्त्वं पश्यसि तत्रैकस्त्वमेव प्रति भाससे। किं पृथक् भासते स्वर्णात् कटकाङ्गदनूपुरम् ॥१४॥

ಯತ್ತ್ವಂ ಪಶ್ಯಸಿ ತತ್ರೈಕಸ್ತ್ವಮೇವ ಪ್ರತಿಭಾಸಸೇ ।
ಕಿಂ ಪೃಥಕ್ ಭಾಸತೇ ಸ್ವರ್ಣಾತ್ ಕಟಕಾಙ್ಗದನೂಪುರಮ್ ॥

14.

그대가 지각하는 그 어떤 것에서도

그대는 그대를,

오로지 그대를 봅니다.

팔찌, 팔 밴드, 발찌는

그것들이 만들어진 금과 다를 수 있습니까?

अयंसोऽहमयं नाहं विभागमिति सन्त्यज। सर्वमात्मेतिनिश्चित्य निःसङ्कल्पःसुखीभव॥ १५॥

ಅಯಂ ಸೋಽಹಮಯಂ ನಾಹಂ ವಿಭಾಗಮಿತಿ ಸನ್ತ್ಯಜ।
ಸರ್ವಮಾತ್ಮೇತಿ ನಿಶ್ಚಿತ್ಯ ನಿಃಸಙ್ಕಲ್ಪಃ ಸುಖೀ ಭವ ॥ ೧೫ ॥

15.

'나는 초월적 참나이다.'와
'나는 세상이 아니다.'와 같은 그런 구분을
완전히 버리십시오.
모든 것을 참나라 여기면
욕망이 없어지고 행복해 집니다.

त्वय्येवाज्ञानतो विश्वं त्वमेकः परमार्थतः। त्वत्तोऽन्यो नास्ति संसारी नासंसारी च कश्चन॥१६॥

ತವ್ಯೈವಾಜ್ಞಾನತೋ ವಿಶ್ವಂ ತ್ವಮೇಕಃ ಪರಮಾರ್ಥತಃ ।

ತ್ವತ್ತೋಽನ್ಯೋ ನಾಸ್ತಿ ಸಂಸಾರೀ ನಾಸಂಸಾರೀ ಚ ಕಶ್ಚನ ॥

16.

우주가 존재하는 것은

바로 그대의 무지를 통해서입니다.

실제로는 하나만이,

참나만이 존재합니다.

그대가 아니고는

사람도 신도 없습니다.

भ्रान्तिमात्रमिदं विश्वं न किञ्चिदिति निश्चयी। निर्वासनः स्फूर्तिमात्रो न किञ्चिदिव शाम्यति। ॥१७॥

ಭ್ರಾನ್ತಿಮಾತ್ರಮಿದಂ ವಿಶ್ವಂ ನ ಕಿಞ್ಚಿದಿತಿ ನಿಶ್ಚಯೀ ।
ನಿರ್ವಾಸನಃ ಸ್ಫೂರ್ತಿಮಾತ್ರೋ ನ ಕಿಞ್ಚಿದಿವ ಶಾಮ್ಯತಿ ॥

17.

이 우주는 오로지
환영이며 무라는 것을 확실히 아는 사람은
욕망이 없어지고
순수 의식이 됩니다.
그래서 아무 것도 존재하지 않는 것처럼
평화를 발견합니다.

एकएव भवाम्भोधावासीदस्ति भविष्यति। नतेबन्धोऽस्तिमोक्षोवाकृतकृत्यःसुखंचर॥१८॥

ಏಕ ಏವ ಭವಾಮ್ಭೋಧಾವಾಸೀದಸ್ತಿ ಭವಿಷ್ಯತಿ ।
ನ ತೇ ಬನ್ಧೋಽಸ್ತಿ ಮೋಕ್ಷೋ ವಾ ಕೃತಕೃತ್ಯಃ ಸುಖಂ ಚರ ॥

18.

세상의 바다에
오직 하나가 있었고,
지금도 있으며,
앞으로도 있을 것입니다.
그대에게는 속박도 해방도 없습니다.
만족하게 살고 행복하십시오.

मा सङ्कल्पविकल्पाभ्यां चित्तं क्षोभय चिन्मय। उपशाम्य सुखं तिष्ठ स्वात्मन्यानन्दविग्रहे॥१९॥

ಮಾ ಸಙ್ಕಲ್ಪವಿಕಲ್ಪಾಭ್ಯಾಂ ಚಿತ್ತಂ ಕ್ಷೋಭಯ ಚಿನ್ಮಯ ।
ಉಪಶಾಮ್ಯ ಸುಖಂ ತಿಷ್ಠ ಸ್ವಾತ್ಮನ್ಯಾನನ್ದವಿಗ್ರಹೇ ॥೧೯॥

19.

그대는 순수 의식입니다.

수용과 거절로

그대의 마음을 어지럽히지 마십시오.

고요하고 희열 그 자체인

그대의 참나 안에서

행복하게 사십시오.

[illegible]व ध्यानं सर्वत्र माकिञ्चिद्धृदि धारय।आत्मात्वं मुक्त एवासि किंविमृश्यकरिष्यसि॥२०॥

ತ್ಯಜೈವ ಧ್ಯಾನಂ ಸರ್ವತ್ರ ಮಾ ಕಿಞ್ಚಿದ್ಧೃದಿ ಧಾರಯ ।
ಆತ್ಮಾ ತ್ವಂ ಮುಕ್ತ ಏವಾಸಿ ಕಿಂ ವಿಮೃಶ್ಯ ಕರಿಷ್ಯಸಿ ॥ ೨೦ ॥

20.

모든 명상을
완전히 그만두십시오.
그대 가슴에 아무 것도 담지 마십시오.
그대는 진정 참나이며,
영원히 자유롭습니다,
생각하여 무엇을 할 것입니까?

षोडशाध्यायः ॥ अष्टावक्र उवाच—

आचक्ष्व शृणु वा तात नानाशास्त्राण्यनेकशः । तथापि न तव स्वास्थ्यं सर्वविस्मरणादृते ॥१॥

ಷೋಡಶಾಧ್ಯಾಯಃ

ಅಷ್ಟಾವಕ್ರ ಉವಾಚ—

ಆಚಕ್ಷ್ವ ಶೃಣು ವಾ ತಾತ ನಾನಾಶಾಸ್ತ್ರಾಣ್ಯನೇಕಶಃ ।

ತಥಾಪಿ ನ ತವ ಸ್ವಾಸ್ಥ್ಯಂ ಸರ್ವವಿಸ್ಮರಣಾದೃತೇ ॥ ೧ ॥

제16장 • 특별한 가르침

아슈따바끄라가 말했습니다.

1.

그대는 그대가 원하는

경전을 낭독하거나

토론할 수 있습니다.

그러나 그것 모두를 잊지 않는다면

참나에 확고해질 수 없습니다.

भोगं कर्म समाधिं वा कुरु विज्ञ तथापि ते । चित्तं निरस्तसर्वाशमत्यर्थं रोचयिष्यति ॥२॥

ಭೋಗಂ ಕರ್ಮ ಸಮಾಧಿಂ ವಾ ಕುರು ವಿಜ್ಞ ತಥಾಪಿ ತೇ ।

ಚಿತ್ತಂ ನಿರಸ್ತಸರ್ವಾಶಮತ್ಯರ್ಥಂ ರೋಚಯಿಷ್ಯತಿ ॥ ೨ ॥

2.

오, 현자여,

그대는 즐거움을 누리거나,

일하거나,

명상을 수련할 수도 있습니다.

그러나 그대의 마음은

모든 경험 너머에 있으며

그 안에서 모든 욕망이 소멸되는

그것That을 여전히 열망할 것입니다.

आयासात्सकलो दुःखी नैनं जानाति कश्चन । अनेनैवोपदेशेन धन्यः प्राप्नोति निर्वृतिम् ॥३॥

ಆಯಾಸಾತ್ ಸಕಲೋ ದುಃಖೀ ನೈನಂ ಜಾನಾತಿ ಕಶ್ಚನ ।
ಅನೇನೈವೋಪದೇಶೇನ ಧನ್ಯಃ ಪ್ರಾಪ್ನೋತಿ ನಿರ್ವೃತಿಂ ॥

3.

모든 사람은
무엇을 얻고자
노력하기 때문에 불행합니다.
그러나 아무도 이것을 모릅니다.
성숙한 마음의 사람은
이 가르침을 통해 바로
해방을 얻습니다.

यापारेखिद्यते यस्तु निमेषोन्मेषयोरपि ।तस्यालस्यधुरीणस्य सुखं नान्यस्य कस्यचित् ॥
॥४॥

ವ್ಯಾಪಾರೇ ಖಿದ್ಯತೇ ಯಸ್ತು ನಿಮೇಷೋನ್ಮೇಷಯೋರಪಿ ।
ತಸ್ಯಾಲಸ್ಯಧುರೀಣಸ್ಯ ಸುಖಂ ನಾನ್ಯಸ್ಯ ಕಸ್ಯಚಿತ್ ॥ ೪ ॥

4.

행복은

다른 누군가가 아니라

눈꺼풀을 여닫는 것조차 성가신

지극히 게으른 사람의 것입니다.

इदं कृतमिदं नेति द्वन्द्वैर्मुक्तं यदा मनः। धर्मार्थकाममोक्षेषु निरपेक्षं तदा भवेत् ॥५॥

ಇದಂ ಕೃತಮಿದಂ ನೇತಿ ದ್ವನ್ದ್ವೈರ್ಮುಕ್ತಂ ಯದಾ ಮನಃ ।
ಧರ್ಮಾರ್ಥಕಾಮಮೋಕ್ಷೇಷು ನಿರಪೇಕ್ಷಂ ತದಾ ಭವೇತ್ ॥

5.

"이것은 했다.", "이것은 하지 않았다."와 같은
그런 상반되는 쌍들로부터 자유로울 때,
마음은 다르마(의무), 아르따(부), 까마(욕망)와
목샤(해방)에 대해
무심해집니다.

विरक्तो विषयद्वेष्टा रागी विषयलोलुपः। ग्रहमोक्षविहीनस्तु नविरक्तो नरागवान् ॥६॥

ವಿರಕ್ತೋ ವಿಷಯದ್ವೇಷ್ಟಾ ರಾಗೀ ವಿಷಯಲೋಲುಪಃ ।
ಗ್ರಹಮೋಕ್ಷವಿಹೀನಸ್ತು ನ ವಿರಕ್ತೋ ನ ರಾಗವಾನ್ ॥ ೬ ॥

6.

감각의 대상을 싫어하는 사람은
그것을 피하고,
그것을 탐하는 사람들은
그것에 집착합니다.
그러나 싫어하거나 탐하지 않는 사람은
피하지도 집착하지도 않습니다.

योपादेयता तावत्संसारविटपांकुरः। स्पृहा जीवति यावद्वै निर्विचारदशास्पदम्॥७॥

ಹೇಯೋಪಾದೇಯತಾ ತಾವತ್ ಸಂಸಾರವಿಟಪಾಂಕುರಃ।
ಸ್ಪೃಹಾ ಜೀವತಿ ಯಾವದ್ವೈ ನಿರ್ವಿಚಾರದಶಾಸ್ಪದಮ್॥

7.

식별의 부재인

욕망이 있는 한

세상(삼사라)의 뿌리이자 가지인

좋아함과 싫어함이

정말로 있을 것입니다.

प्रवृत्तौ जायते रागो निवृत्तौ द्वेष एव हि । निर्द्वन्द्वो बालवद्धीमानेवमेव व्यवस्थितः ॥८॥

ಪ್ರವೃತ್ತೌ ಜಾಯತೇ ರಾಗೋ ನಿವೃತ್ತೌ ದ್ವೇಷ ಏವ ಹಿ ।
ನಿರ್ದ್ವನ್ದ್ವೋ ಬಾಲವದ್ಧೀಮಾನೇವಮೇವ ವ್ಯವಸ್ಥಿತಃ ॥ ೮ ॥

8.

행위는 집착을,
행위의 회피는 혐오를 야기합니다.
지혜로운 사람은 아이처럼
상반되는 것들로부터 자유롭습니다.
그래서 그는
참나 안에 확고해집니다.

हातुमिच्छति संसारंरागीदुःखजिहासया। वीतरागोहिनिर्दुःखस्तस्मिन्नपिनखिद्यति॥९॥

ಹಾತುಮಿಚ್ಛತಿ ಸಂಸಾರಂ ರಾಗೀ ದುಃಖಜಿಹಾಸಯಾ ।
ವೀತರಾಗೋ ಹಿ ನಿರ್ದುಃಖಸ್ತಸ್ಮಿನ್ನಪಿ ನ ಖಿದ್ಯತಿ ॥ ೯ ॥

9.

세상에 집착하는 사람은
슬픔을 피하기 위해
세상을 포기하고자 합니다.
아무 것에도 집착하지 않는 사람은
슬픔이 없습니다.
비록 세상에 있더라도
그는 슬프지 않습니다.

यस्याभिमानो मोक्षेपि देहेपि ममता तथा। नचज्ञानीनवायोगी केवलं दुःखभागसौ ॥१०॥

ಯಸ್ಯಾಭಿಮಾನೋ ಮೋಕ್ಷೇಽಪಿ ದೇಹೇಽಪಿ ಮಮತಾ ತಥಾ ।
ನ ಚ ಜ್ಞಾನೀ ನ ವಾ ಯೋಗೀ ಕೇವಲಂ ದುಃಖಭಾಗಸೌ ॥

10.

해방을 자랑하거나
몸을 자신의 것이라 느끼는 사람은
깨달은 사람도 갸니도 요기도 아닙니다.
그는 단지
괴로워할 뿐입니다.

हरोयद्युपदेष्टातेहरिःकमलजोपिवा।नथापिनतवस्वास्थ्यंसर्वविस्मरणादृते॥११॥

ಹರೋ ಯದ್ಯುಪದೇಷ್ಟಾ ತೇ ಹರಿಃ ಕಮಲಜೋಽಪಿ ವಾ ।
ತಥಾಪಿ ನ ತವ ಸ್ವಾಸ್ಥ್ಯಂ ಸರ್ವವಿಸ್ಮರಣಾದೃತೇ ॥ ೧೧ ॥

11.

쉬바, 비슈누 혹은 브람마가
그대의 스승일지라도,
그 모두를 잊지 않으면,
그대는 참나에 자리 잡을 수 없습니다.

नज्ञानफलंप्राप्तंयोगाभ्यासफलंतथा।तृप्तःस्वच्छेन्द्रियोनित्यमेकाकीरमतेतुयः॥१॥

ಸಪ್ತದಶಾಧ್ಯಾಯಃ

ಅಷ್ಟಾವಕ್ರ ಉವಾಚ—

ತೇನ ಜ್ಞಾನಫಲಂ ಪ್ರಾಪ್ತಂ ಯೋಗಾಭ್ಯಾಸಫಲಂ ತಥಾ ।
ತೃಪ್ತಃ ಸ್ವಚ್ಛೇನ್ದ್ರಿಯೋ ನಿತ್ಯಮೇಕಾಕೀ ರಮತೇ ತು ಯಃ॥

제17장 • 진리를 아는 자

아슈따바끄라가 말했습니다.

1.

만족하며[23],

감각이 정화되었으며[24],

언제나 홀로solitude(하나)[25]를 즐기는 사람은

요가의 수행의 결실뿐만 아니라

지식의 결실도 거두었습니다.

---

23 자신이 모든 것이라는 것을 알아, 아무 것도 원하지 않기에

24 집착이 없으며

25 자신이 온 우주이며 그리고 그 말고는 아무도 없는

नकदाचिज्जगत्यस्मिन् तत्त्वज्ञो हन्त खिद्यति। यत एकेन तेनेदं पूर्णं ब्रह्माण्डमण्डलम्॥२॥

ನ ಕದಾಚಿಜ್ಜಗತ್ಯಸ್ಮಿನ್ ತತ್ತ್ವಜ್ಞೋ ಹನ್ತ ಖಿದ್ಯತಿ।
ಯತ ಏಕೇನ ತೇನೇದಂ ಪೂರ್ಣಂ ಬ್ರಹ್ಮಾಣ್ಡಮಂಡಲಮ್ ।

2.

오, 온 우주는
오로지 그로만 가득 차 있으므로,
진리를 아는 사람은
이 세상에서 결코 비참하지 않습니다.

नजातु विषयाः केपि स्वारामं हर्षयन्त्यमी। सल्लकीपल्लवप्रीतमिवेभं निम्बपल्लवाः॥३॥

ನ ಜಾತು ವಿಷಯಾಃ ಕೇಽಪಿ ಸ್ವಾರಾಮಂ ಹರ್ಷಯನ್ತ್ಯಮೀ ।
ಸಲ್ಲಕೀಪಲ್ಲವಪ್ರೀತಮಿವೇಭಂ ನಿಮ್ಬಪಲ್ಲವಾಃ ॥ ೩ ॥

3.

님 나뭇잎이
살라끼 나뭇잎을 좋아하게 된
코끼리를 즐겁게 하지 못하듯이,
어떤 감각의 대상도
참나[26]에 기뻐하는 사람을
즐겁게 하지 못합니다.

26 안에 만족을 발견한

यस्तु भोगेषु भुक्तेषु न भवत्यधिवासिता। अभुक्तेषु निराकांक्षी तादृशो भवदुर्लभः ॥४॥

ಯಸ್ತು ಭೋಗೇಷು ಭುಕ್ತೇಷು ನ ಭವತ್ಯಧಿವಾಸಿತಾ ।
ಅಭುಕ್ತೇಷು ನಿರಾಕಾಂಕ್ಷೀ ತಾದೃಶೋ ಭವದುರ್ಲಭಃ ॥ ೪ ॥

4.

자신이 즐겼던 것들에 대한

인상이 남아 있지 않거나

자신이 아직 경험하지 못했던 것들을

갈망하지 않는 사람은

이 세상에서 찾기가 드뭅니다.

बुभुक्षुरिह संसारेमुमुक्षुरपिदृश्यते।भोगमोक्षनिराकांक्षीविरलोहिमहाशयः॥५॥

ಬುಭುಕ್ಷುರಿಹ ಸಂಸಾರೇ ಮುಮುಕ್ಷುರಪಿ ದೃಶ್ಯತೇ ।
ಭೋಗಮೋಕ್ಷನಿರಾಕಾಂಕ್ಷೀ ವಿರಳೋ ಹಿ ಮಹಾಶಯಃ ॥

5.

세상의 즐거움을 바라는 사람과
해방을 바라는 사람 모두
이 세상에서 찾을 수 있습니다.
그러나 즐거움이나 해방,
이 모두를 바라지 않는
위대한 영혼은 드뭅니다.

धर्मार्थकाममोक्षेषु जीविते मरणे तथा।कस्याप्युदारचित्तस्य हेयोपादेयता न हि ॥६॥

ಧರ್ಮಾರ್ಥಕಾಮಮೋಕ್ಷೇಷು ಜೀವಿತೇ ಮರಣೇ ತಥಾ ।
ಕಸ್ಯಾಪ್ಯುದಾರಚಿತ್ತಸ್ಯ ಹೇಯೋಪಾದೇಯತಾ ನ ಹಿ ॥ ೬ ॥

6.

삶과 죽음뿐 아니라,
다르마(의무), 아르따(부), 까마(욕망), 목샤(해방)를
좋아하거나 싫어하지 않는
넓은 마음을 지닌 사람을
발견하기는 쉽지 않습니다.

वान्छानविश्वविलये नद्वेषस्तस्यचस्थितौ।यथाजीविकयातस्माद्धन्यआस्तेयथासुखम्॥७॥

ವಾಞ್ಛಾ ನ ವಿಶ್ವವಿಲಯೇ ನ ದ್ವೇಷಸ್ತಸ್ಯ ಚ ಸ್ಥಿತೌ।
ಯಥಾ ಜೀವಿಕಯಾ ತಸ್ಮಾದ್ಧನ್ಯ ಆಸ್ತೇ ಯಥಾಸುಖಮ್ ॥

7.

지식이 있는 사람은
우주의 소멸을 바라거나
우주가 존재한다 해도
싫어하지 않습니다.
그러므로 축복받은 사람은
어떤 상황이 오든 행복하게 삽니다.

कृतार्थोऽनेन ज्ञानेनेत्येवं गलितधीः कृती। पश्यन् शृण्वन् स्पृशन् जिघ्रन्नश्नन्नास्ते यथासुखम्॥८॥

ಕೃತಾರ್ಥೋಽನೇನ ಜ್ಞಾನೇನೇತ್ಯೇವಂ ಗಲಿತಧೀಃ ಕೃತೀ ।
ಪಶ್ಯನ್‌ಶೃಣ್ವನ್‌ಸ್ಪೃಶನ್ ಜಿಘ್ರನ್ನಶ್ನನ್ನಾಸ್ತೇಯಥಾಸುಖಮ್ ॥

8.

현명한 사람은
참나에 대한 지식으로 충족되고
자신의 마음을 흡수시켜 만족합니다,
그는 보고, 듣고, 만지고,
냄새 맡고, 먹으며
행복하게 삽니다.

शून्या दृष्टिर्वृथा चेष्टा विकलानीन्द्रियाणि च। न स्पृहा न विरक्तिर्वा क्षीणसंसारसागरे ॥ ९॥

ಶೂನ್ಯಾ ದೃಷ್ಟಿರ್ವೃಥಾ ಚೇಷ್ಟಾ ವಿಕಲಾನೀನ್ದ್ರಿಯಾಣಿ ಚ।
ನ ಸ್ಪೃಹಾ ನ ವಿರಕ್ತಿರ್ವಾ ಕ್ಷೀಣಸಂಸಾರಸಾಗರೇ ॥ ೯ ॥

9.

세상의 바다가 말라버린 사람에게는
아무런 집착이나 무집착이 없습니다.
그의 시선은 비어있고,
행위들은 목적이 없으며,
감각들은 작동하지 않습니다.

नजागर्तिननिद्रातिनोन्मीलतिनमीलति। अहोपरदशाक्वापिवर्ततेमुक्तचेतसः॥१०॥

ನ ಜಾಗರ್ತಿ ನ ನಿದ್ರಾತಿ ನೋನ್ಮೀಲತಿ ನ ಮೀಲತಿ।
ಅಹೋ ಪರದಶಾ ಕ್ವಾಪಿ ವರ್ತತೇ ಮುಕ್ತಚೇತಸಃ ॥ ೧೦ ॥

10.

현자는

깨어있지도 잠들어 있지도 않으며,

눈을 뜨지도 감지도 않습니다.

오, 해방된 영혼은

어느 곳에서나 지고한 상태를 즐깁니다.

सर्वत्र दृश्यते स्वस्थः सर्वत्र बिमलाशयः। समस्तवासनामुक्तो मुक्तः सर्वत्र राजते ॥ ११॥

ಸರ್ವತ್ರ ದೃಶ್ಯತೇ ಸ್ವಸ್ಥಃ ಸರ್ವತ್ರ ವಿಮಲಾಶಯಃ ।
ಸಮಸ್ತವಾಸನಾಮುಕ್ತೋ ಮುಕ್ತಃ ಸರ್ವತ್ರ ರಾಜತೇ ॥

11.

해방된 영혼은

모든 곳이

참나 안에 있음을 발견하며,

그의 가슴은 늘 순수합니다.

그는 모든 곳에서

항상 욕망으로부터 자유롭습니다.

पश्यन् शृण्वन् स्पृशन् जिघ्रन्नश्नन् गृह्णन् वदन् व्रजन्। ईहितानीहितैर्मुक्तो मुक्त एव महाशयः ॥१२॥

ಪಶ್ಯನ್ ಶೃಣ್ವನ್ ಸ್ಪೃಶನ್ ಜಿಘ್ರನ್ನಶ್ನನ್ ಗೃಹ್ಣನ್ ವದನ್ ವ್ರಜನ್ ।
ಈಹಿತಾನೀಹಿತೈರ್ಮುಕ್ತೋ ಮುಕ್ತ ಏವ ಮಹಾಶಯಃ ॥

12.

보고, 듣고, 만지고, 냄새 맡고, 먹고,

취하고, 말하고, 걸을 때,

노력과 노력 없음으로부터 자유로운

위대한 영혼은

정말이지 해방되어 있습니다.

ननिन्दति नचस्तौति नहृष्यति नकुप्यति। नददाति नगृह्णाति मुक्तः सर्वत्र नीरसः ॥१३॥

ನ ನಿನ್ದತಿ ನ ಚ ಸ್ತೌತಿ ನ ಹೃಷ್ಯತಿ ನ ಕುಪ್ಯತಿ ।
ನ ದದಾತಿ ನ ಗೃಹ್ಣಾತಿ ಮುಕ್ತಃ ಸರ್ವತ್ರ ನೀರಸಃ ॥ ೧೩ ॥

13.

해방된 이는
비방하지도 칭찬하지도,
기뻐하지도 성내지도,
주지도 취하지도 않습니다.
그는 모든 곳에서
집착으로부터 자유롭습니다.

सानुरागांस्त्रियंदृष्ट्वामृत्युंवासमुपस्थितम्।अविह्वलमनाःस्वस्थोमुक्तएवमहाशयः॥१४॥

ಸಾನುರಾಗಾಂಸ್ತ್ರಿಯಂದೃಷ್ಟ್ವಾಮೃತ್ಯುಂವಾಸಮುಪಸ್ಥಿತಂ ।

ಅವಿಹ್ವಲಮನಾಃ ಸ್ವಸ್ಥೋ ಮುಕ್ತ ಏವ ಮಹಾಶಯಃ ।

14.

위대한 영혼은

사랑으로 가득 찬 여인을 보든,

다가오는 죽음을 보든

침착함을 유지합니다.

그는 진정으로 해방되어 있습니다.

सुखेदुःखे नरे नार्यां सम्पत्सुचविपत्सुच।विशेषो नैव धीरस्य सर्वत्रसमदर्शिनः॥१५॥

ಸುಖೇ ದುಃಖೇ ನರೇ ನಾರ್ಯಾಂ ಸಮ್ಪತ್ಸು ಚ ವಿಪತ್ಸು ಚ।
ವಿಶೇಷೋ ನೈವ ಧೀರಸ್ಯ ಸರ್ವತ್ರ ಸಮದರ್ಶಿನಃ । ೧೫ ।

15.

현자는

즐거움과 고통,

남자와 여자,

번영과 역경 간에

차이를 보지 않습니다.

모든 것을 동등하게 봅니다.

नहिंसा नैव कारुण्यं नौद्धत्यं नच दीनता । नाश्चर्यं नैव च क्षोभः क्षीणसंसरणे नरे ॥१६॥

ನ ಹಿಂಸಾ ನೈವ ಕಾರುಣ್ಯಂ ನೌದ್ಧತ್ಯಂ ನ ಚ ದೀನತಾ ।

ನಾಶ್ಚರ್ಯಂ ನೈವ ಚ ಕ್ಷೋಭಃ ಕ್ಷೀಣಸಂಸರಣೇಽನರೇ ॥

16.

세상의 삶이 말라버리고,

인간 성품의 한계를 초월한 현자에게는

가해나 자비에 대한

어떤 욕망도 없고,

오만함이나 겸손함도 없으며,

경이로움이나 정신적 혼란도 없습니다.

नमुक्तो विषयद्वेष्टा नवा विषयलोलुपः। असंसक्तमना नित्यं प्राप्ताप्राप्तमुपाश्नुते ॥१७॥

ನ ಮುಕ್ತೋ ವಿಷಯದ್ವೇಷ್ಟಾ ನ ವಾ ವಿಷಯಲೋಲುಪಃ ।
ಅಸಂಸಕ್ತಮನಾ ನಿತ್ಯಂ ಪ್ರಾಪ್ತಾಪ್ರಾಪ್ತಮುಪಾಶ್ನುತೇ ॥

17.

해방된 사람은

감각의 경험을 싫어하지도

집착하지도 않습니다.

늘 초연한 마음으로 있는 그는

얻은 경험도 얻지 못한 경험도

즐깁니다.

समाधानासमाधानहिताहितविकल्पनाः। शून्यचित्तो न जानाति कैवल्यमिव संस्थितः॥१८॥

ಸಮಾಧಾನಾಸಮಾಧಾನಹಿತಾಹಿತವಿಕಲ್ಪನಾಃ ।

ಶೂನ್ಯಚಿತ್ತೋ ನ ಜಾನಾತಿ ಕೈವಲ್ಯಮಿವ ಸಂಸ್ಥಿತಃ ॥ ೧೮ ॥

18.

빈 마음이 되어

절대자 안에 자리를 잡은 사람은

명상과 명상하지 않음,

선과 악이 없습니다.

그는 말하자면 모든 것 너머,

즉 절대적 상태에 있습니다.

निर्ममो निरहङ्कारो न किञ्चिदिति निश्चितः। अन्तर्गलितसर्वाशः कुर्वन्नपि करोति न ॥१९॥

ನಿರ್ಮಮೋ ನಿರಹಙ್ಕಾರೋ ನ ಕಿಞ್ಚಿದಿತಿ ನಿಶ್ಚಿತಃ ।
ಅನ್ತರ್ಗಲಿತಸರ್ವಾಶಃ ಕುರ್ವನ್ನಪಿ ಕರೋತಿ ನ ॥ ೧೯ ॥

19.

욕망이 그쳤으며,

"나"와 "나의 것"이 없는 그는

아무 것도 존재하지 않는다는 것을

확실히 압니다.

무엇인가를 하고 있을지라도

그는 아무 것도 하지 않고 있습니다.

मनःप्रकाशसम्मोहस्वप्नजाड्यविवर्जितः। दशां कामपि संप्राप्तो भवेद्गलितमानसः ॥२०॥

ಮನಃಪ್ರಕಾಶಸಮ್ಮೋಹಸ್ವಪ್ನಜಾಡ್ಯವಿವರ್ಜಿತಃ ।

ದಶಾಂ ಕಾಮಪಿ ಸಂಪ್ರಾಪ್ತೋ ಭವೇದ್ಗಲಿತಮಾನಸಃ ॥ ೨೦ ॥

20.

형언할 수 없는 상태는

마음이 녹아 없어지고,

마음의 기능이

작용하기를 그쳤으며,

미혹, 꿈, 혹은 둔함으로부터

자유로운 현자에 의해

얻어집니다.

अष्टादशाध्यायः ॥ अष्टावक्र उवाच —

यस्य बोधोदये तावत् स्वप्नवद्भवति भ्रमः । तस्मै सुखैकरूपाय नमः शान्ताय तेजसे ॥१॥

ಅಷ್ಟಾದಶಾಧ್ಯಾಯಃ

ಅಷ್ಟಾವಕ್ರ ಉವಾಚ —

ಯಸ್ಯ ಬೋಧೋದಯೇ ತಾವತ್ ಸ್ವಪ್ನವದ್ಭವತಿ ಭ್ರಮಃ ।

ತಸ್ಮೈ ಸುಖೈಕರೂಪಾಯ ನಮಃ ಶಾನ್ತಾಯ ತೇಜಸೇ ॥

제18장 • 완성

아슈따바끄라가 말했습니다.

1.

지식이 돌아옴에 따라

모든 미혹[27]이 꿈처럼 사라질 것입니다.

그래서 오는 희열이며, 평화이며[28]

빛[29]인 그것에게 경배를.

---

27 환영인 현상세계

28 변화가 없는 초월의 상태

29 스스로 빛나는

अर्जयित्वाऽखिलानर्थान् भोगानाप्नोतिपुष्कलान्।नहिसर्वपरित्यागमन्तरेणसुखीभवेत्॥२॥

ಅರ್ಜಯಿತ್ವಾಽಖಿಲಾನರ್ಥಾನ್ ಭೋಗಾನಾಪ್ನೋತಿಪುಷ್ಕಲಾನ್
ನ ಹಿ ಸರ್ವಪರಿತ್ಯಾಗಮನ್ತರೇಣ ಸುಖೀ ಭವೇತ್ ॥ ೨ ॥

2.

사람은 세상으로부터
많은 즐거움을 얻을 수 있습니다.
그러나 모든 것을 포기하지 않으면
결코 행복할 수 없을 것입니다.

कर्तव्यदुःखमार्तण्डज्वालादग्धान्तरात्मनः।कुतःप्रशमपीयूषधारासारमृतेसुखम् ॥३॥

ಕರ್ತವ್ಯದುಃಖಮಾರ್ತಣ್ಡಜ್ವಾಲಾದಗ್ಧಾನ್ತರಾತ್ಮನಃ ।
ಕುತಃ ಪ್ರಶಮಪೀಯೂಷಧಾರಾಸಾರಮೃತೇ ಸುಖಮ್ ॥೩॥

3.

행위 해야 한다는 느낌으로부터 생겨난
슬픔이라는 태양의 열기로
가슴 한가운데가 누렇게 시든 사람이
계속해서 퍼붓는 평화의 암브로시아 없이
어떻게 행복을 누릴 수 있겠습니까?

भवोयं भावनामात्रो नकिञ्चित्परमार्थतः ।नास्त्यभवः स्वभावानां भावभावविभाविनाम्॥४॥

ಭವೋಽಯಂಭಾವನಾಮಾತ್ರೋ ನಕಿಞ್ಚಿತ್‌ಪರಮಾರ್ಥತಃ ।

ನಾಸ್ತ್ಯಭಾವಃ ಸ್ವಭಾವಾನಾಂ ಭಾವಾಭಾವವಿಭಾವಿನಾಮ್‌॥

4.

이 우주는

의식의 한 상태[30]일 뿐입니다.

그것은 실제로 무입니다.

존재인 참나와 비존재인 우주는

그들 자신의 성품을 결코 잃지 않습니다[31].

30 마음의 투사, 관념, 상상, 생각

31 참나는 늘 존재하고 있으며, 우주는 참나에 덧붙여진 어떤 것이다. 로프를 뱀으로 보듯.

नदूरंनचसङ्कोचाल्लब्धमेवात्मनः पदम् । निर्विकल्पं निरायासं निर्विकारं निरञ्जनम् ॥५॥

ನ ದೂರಂ ನ ಚ ಸಙ್ಕೋಚಾಲ್ಲಬ್ಧಮೇವಾತ್ಮನಃ ಪದಮ್ ।
ನಿರ್ವಿಕಲ್ಪಂ ನಿರಾಯಾಸಂ ನಿರ್ವಿಕಾರಂ ನಿರಞ್ಜನಮ್ ॥೫॥

5.

절대적으로 애쓰지 않고, 불변이며,
흠이 없는 참나는
멀리 있지도
제한되어 있지도 않습니다.
그것은 늘 얻어져 있습니다.

व्यामोहमात्रविरतौ स्वरूपादानमात्रतः। वीतशोका विराजन्ते निरावरणदृष्टयः ॥६॥

ವ್ಯಾಮೋಹಮಾತ್ರವಿರತೌ ಸ್ವರೂಪಾದಾನಮಾತ್ರತಃ ।
ವೀತಶೋಕಾ ವಿರಾಜನ್ತೇ ನಿರಾವರಣದೃಷ್ಟಯಃ ॥ ೬ ॥

6.

미혹이 멈추자마자
눈에서 베일이 떨어져 나가
참나를 깨달은 사람들은
슬픔을 떨쳐버리고 살아갑니다.

समस्तं कल्पनामात्रमात्मा मुक्तः सनातनः। इति विज्ञाय धीरो हि किमभ्यस्यति बालवत् ॥
॥७॥

ಸಮಸ್ತಂ ಕಲ್ಪನಾಮಾತ್ರಮಾತ್ಮಾ ಮುಕ್ತಃ ಸನಾತನಃ ।
ಇತಿ ವಿಜ್ಞಾಯ ಧೀರೋ ಹಿ ಕಿಮಭ್ಯಸ್ಯತಿ ಬಾಲವತ್ ॥ ೭ ॥

7.

모든 것은 단지 상상이며
참나는 영원히 자유롭습니다.
이것을 안 현자는
어린 아이처럼 행동할 것입니다.

आत्माब्रह्मेति निश्चित्य भावाभावौचकल्पितौ।निष्कामः किंविजानातिकिंब्रूतेचकरोतिकिम्॥ ॥८॥

ಆತ್ಮಾ ಬ್ರಹ್ಮೇತಿ ನಿಶ್ಚಿತ್ಯ ಭಾವಾಭಾವೌ ಚ ಕಲ್ಪಿತೌ ।

ನಿಷ್ಕಾಮಃ ಕಿಂ ವಿಜಾನಾತಿ ಕಿಂ ಬ್ರೂತೇ ಚ ಕರೋತಿ ಕಿಂ ॥೮॥

8.

자신이 절대자이며

세상과 비존재[32]가 오로지 상상임을 알면,

드디어 욕망으로부터 자유로워집니다.

그때 그 사람이 무엇을

알고,

말하고,

해야 합니까?

32 하늘의 꽃, 불임여성의 자식

अयंसोऽहमयंनाहमितिक्षीणाविकल्पनाः। सर्वमात्मेतिनिश्चित्यतूष्णीम्भूतस्ययोगिनः॥
॥९॥

ಅಯಂ ಸೋಽಹಮಯಂ ನಾಹಮಿತಿ ಕ್ಷೀಣಾ ವಿಕಲ್ಪನಾಃ ।
ಸರ್ವಮಾತ್ಮೇತಿ ನಿಶ್ಚಿತ್ಯ ತೂಷ್ಣೀಮ್ಭೂತಸ್ಯ ಯೋಗಿನಃ ॥೯॥

9.

모든 것이 참나임을 알아

고요해진 요기에게

"나는 이것이다."와 "나는 이것이 아니다."와 같은

생각의 흔적들은 사라집니다.

नविक्षेपो नचैकाग्र्यं नातिबोधो नमूढता। नसुखंनचवादुःखमुपशान्तस्ययोगिनः ॥१०॥

ನ ವಿಕ್ಷೇಪೋ ನ ಚೈಕಾಗ್ರ್ಯಂ ನಾತಿಬೋಧೋ ನ ಮೂಢತಾ।
ನ ಸುಖಂ ನ ಚ ವಾ ದುಃಖಮುಪಶಾನ್ತಸ್ಯ ಯೋಗಿನಃ ॥

10.

평화에 이른 요기는

산만도 집중도

지식도 무지도,

쾌락도 고통도 없습니다.

स्वाराज्ये भैक्ष्यवृत्तौच लाभालाभेजनेवने ।निर्विकल्पस्वभावस्य नविशेषोस्तियोगिनः ॥११॥

ಸ್ವಾರಾಜ್ಯೇ ಭೈಕ್ಷ್ಯವೃತ್ತೌ ಚ ಲಾಭಾಲಾಭೇ ಜನೇ ವನೇ ।
ನಿರ್ವಿಕಲ್ಪಸ್ವಭಾವಸ್ಯ ನ ವಿಶೇಷೋಽಸ್ತಿ ಯೋಗಿನಃ ॥ ೧೧ ॥

11.

천상의 존재 또는 거지,

얻음 또는 손실,

세상 또는 숲,

이런 것들은 조건으로부터 자유로운[33]

요기에게는

아무런 차이가 없습니다.

33 unconditioned

क्वधर्मः क्वचवाकामः क्वचार्थः क्वविवेकिता। इदंकृतमिदंनेतिद्वन्द्वैर्मुक्तस्ययोगिनः ॥१२॥

ಕ್ವ ಧರ್ಮಃ ಕ್ವ ಚ ವಾ ಕಾಮಃ ಕ್ವ ಚಾರ್ಥಃ ಕ್ವ ವಿವೇಕಿತಾ।

ಇದಂ ಕೃತಮಿದಂ ನೇತಿ ದ್ವನ್ದ್ವೈರ್ಮುಕ್ತಸ್ಯ ಯೋಗಿನಃ ॥

12.

"이것을 했다."거나 "이것을 하지 않았다."는

이원적인 개념을 초월한 요기에게는

다르마(의무), 까마(욕망),

아르따(부), 또는 식별은

의미가 없습니다.

कृत्यं किमपि नैवास्ति न कापि हृदि रञ्जना। यथाजीवनमेवेह जीवन्मुक्तस्य योगिनः॥१३॥

ಕೃತ್ಯಂ ಕಿಮಪಿ ನೈವಾಸ್ತಿ ನ ಕಾಪಿ ಹೃದಿ ರಞ್ಜನಾ ।
ಯಥಾ ಜೀವನಮೇವೇಹ ಜೀವನ್ಮುಕ್ತಸ್ಯ ಯೋಗಿನಃ ॥೧೩॥

13.

살아있는 동안에

해방된 요기의 가슴에는

아무런 의무도

아무런 갈망도 없습니다.

그는 해야 할 것이 없습니다.

그러나 자신의 삶을 끝까지 삽니다.

क्वमोहःक्वचवाविश्वंक्वतद्ध्यानंक्वमुक्तता।सर्वसङ्कल्पसीमायांविश्रान्तस्यमहात्मनः॥१४॥

ಕ್ವ ಮೋಹಃ ಕ್ವ ಚ ವಾ ವಿಶ್ವಂ ಕ್ವ ತದ್ಧ್ಯಾನಂ ಕ್ವ ಮುಕ್ತತಾ ।
ಸರ್ವಸಙ್ಕಲ್ಪಸೀಮಾಯಾಂ ವಿಶ್ರಾನ್ತಸ್ಯ ಮಹಾತ್ಮನಃ ॥೧೪॥

14.

그는 욕망의 세상 너머에 삽니다.

그런 위대한 영혼에게

미혹이나 우주는 어디에 있으며,

진리에 대한 명상은 어디에 있으며,

해방은 어디에 있습니까!

येन विश्वमिदं दृष्टं स नास्तीति करोतु वै । निर्वासनः किं कुरुते पश्यन्नपि न पश्यति ॥१५॥

ಯೇನ ವಿಶ್ವಮಿದಂ ದೃಷ್ಟಂ ಸ ನಾಸ್ತೀತಿ ಕರೋತು ವೈ ।
ನಿರ್ವಾಸನಃ ಕಿಂ ಕುರುತೇ ಪಶ್ಯನ್ನಪಿ ನ ಪಶ್ಯತಿ ॥ ೧೫ ॥

15.

우주를 보는 사람은

그것을 부인하려 할 것입니다.

욕망이 없는 사람은

무엇을 해야 합니까!

보고 있더라도

그는 아무 것도 보지 않습니다[34].

---

34 실체가 없거나 환영이기에

नदृष्टंपरंब्रह्म सोहंब्रह्मेति चिन्तयेत्। किंचिन्तयतिनिश्चिन्तोद्वितीयंयोनपश्यति॥ १६॥

ಯೇನ ದೃಷ್ಟಂ ಪರಂಬ್ರಹ್ಮ ಸೋಽಹಂ ಬ್ರಹ್ಮೇತಿ ಚಿನ್ತಯೇತ್ ।
ಕಿಂ ಚಿನ್ತಯತಿ ನಿಶ್ಚಿನ್ತೋ ದ್ವಿತೀಯಂ ಯೋ ನ ಪಶ್ಯತಿ ॥

16.

지고한 브람만을 본 사람은
“나는 브람만이다.”를 명상합니다.
아무런 생각이 없이 있어서
둘이 없으며,
오직 하나가 있다는 것을 이해했을 때
그는 누구를 명상할 수 있습니까?

दृष्टो येनात्मविक्षेपो निरोधं कुरुते त्वसौ। उदारस्तु न विक्षिप्तः साध्याभावात्करोति किम्॥१७॥

ದೃಷ್ಟೋ ಯೇನಾತ್ಮವಿಕ್ಷೇಪೋ ನಿರೋಧಂ ಕುರುತೇ ತ್ವಸೌ ।
ಉದಾರಸ್ತು ನ ವಿಕ್ಷಿಪ್ತಃ ಸಾಧ್ಯಾಭಾವಾತ್ಕರೋತಿ ಕಿಮ್ ॥

17.

자신 안에 산만을 보는 사람은
그것을 통제하고자 명상을 합니다.
그러나 위대한 영혼은 산만하지 않습니다.
이룰 것이 아무 것도 없는데
그가 무엇을 해야 합니까?

धीरोलोकविपर्यस्तोवर्तमानोपिलोकवत्।नसमाधिंनविक्षेपंनलेपंस्वस्यपश्यति॥१८॥

ಧೀರೋಲೋಕವಿಪರ್ಯಸ್ತೋಽವರ್ತಮಾನೋಽಪಿಲೋಕವತ್ ।
ನ ಸಮಾಧಿಂ ನ ವಿಕ್ಷೇಪಂ ನ ಲೇಪಂ ಸ್ವಸ್ಯ ಪಶ್ಯತಿ ॥ ೧೮ ॥

18.

지식의 사람은

겉으로는

평범한 사람처럼 보이지만

내면은 아주 다릅니다.

그는 자신 안에

집중도, 산만도, 불순도 보지 못합니다.

भावाभावविहीनोयस्तृप्तोनिर्वासनोबुधः।नैवकिञ्चित्कृतंतेनलोकदृष्ट्याविकुर्वता॥१९॥

ಭಾವಾಭಾವವಿಹೀನೋ ಯಸ್ತೃಪ್ತೋ ನಿರ್ವಾಸನೋ ಬುಧಃ।
ನೈವ ಕಿಞ್ಚಿತ್ ಕೃತಂ ತೇನ ಲೋಕದೃಷ್ಟ್ಯಾ ವಿಕುರ್ವತಾ ॥

19.

상대적 존재와 비존재[35]가 없는 사람,
현명하며, 만족하며,
욕망으로부터 자유로운 사람은
다른 사람들의 눈에는
행동하고 있는 것처럼 보일지라도
아무 것도 하지 않고 있습니다.

35 환영이거나 실체가 없는 존재

प्रवृत्तौ वा निवृत्तौ वा नैव धीरस्य दुर्ग्रहः। यदा यत्कर्तुमायाति तत्कृत्वा तिष्ठतः सुखम्॥२०॥

ಪ್ರವೃತ್ತೌ ವಾ ನಿವೃತ್ತೌ ವಾ ನೈವ ಧೀರಸ್ಯ ದುರ್ಗ್ರಹಃ ।
ಯದಾ ಯತ್ಕರ್ತುಮಾಯಾತಿ ತತ್ಕೃತ್ವಾತಿಷ್ಠತಃಸುಖಮ್ ॥

20.

현자는

해야 하는 일을 하면서

행복하게 삽니다.

그는 행위를 하거나 행위를 하지 않거나

괴로워하지 않습니다.

निर्वासनोनिरालम्बः स्वच्छन्दोमुक्तबन्धनः। क्षिप्तः संस्कारवातेनचेष्टतेशुष्कपर्णवत् ॥२१॥

ನಿರ್ವಾಸನೋ ನಿರಾಲಮ್ಬಃ ಸ್ವಚ್ಛನ್ದೋ ಮುಕ್ತಬನ್ಧನಃ ।
ಕ್ಷಿಪ್ತಃ ಸಂಸ್ಕಾರವಾತೇನ ಚೇಷ್ಟತೇ ಶುಷ್ಕಪರ್ಣವತ್ ॥೨೧॥

21.

욕망이 없고, 독립적이며,
자유롭고, 해방된 사람은
삼스까라의 바람에 날아가는
나뭇잎처럼 삽니다.

असंसारस्यतु क्वापिनहर्षोनविषादता। सशीतलमना नित्यं विदेह इव राजते ॥२२॥

ಅಸಂಸಾರಸ್ಯ ತು ಕ್ವಾಪಿ ನ ಹರ್ಷೋ ನ ವಿಷಾದತಾ ।
ಸ ಶೀತಲಮನಾ ನಿತ್ಯಂ ವಿದೇಹ ಇವ ರಾಜತೇ ॥ ೨೨ ॥

22.

세상의 존재를 초월한 사람에게는
기쁨도 슬픔도 없습니다.
항상 고요한 마음으로 있는 그는
몸이 없는 사람처럼
살아갑니다.

कुत्रापिनजिहासास्तिनाशोवापिनकुत्रचित्।आत्मारामस्यधीरस्यशीतलाच्छतरात्मनः॥२३॥

ಕುತ್ರಾಪಿ ನ ಜಿಹಾಸಾಸ್ತಿ, ನಾಶೋ ವಾಪಿ ನ ಕುತ್ರಚಿತ್ ।
ಆತ್ಮಾರಾಮಸ್ಯ ಧೀರಸ್ಯ ಶೀತಲಾಚ್ಛತರಾತ್ಮನಃ ॥ ೨೩ ॥

23.

참나 안에 기쁨이 있고,

마음이 고요하며,

순수한 현자는

포기할 것이 아무 것도 없으며

어디에서도 상실을 느끼지 않습니다.

प्रकृत्या शून्यचित्तस्य कुर्वतोऽस्य यदृच्छया। प्राकृतस्येव धीरस्य न मानो नावमानता॥ ॥२४॥

ಪ್ರಕೃತ್ಯಾ ಶೂನ್ಯಚಿತ್ತಸ್ಯ ಕುರ್ವತೋಽಸ್ಯ ಯದೃಚ್ಛಯಾ ।
ಪ್ರಾಕೃತಸ್ಯೇವ ಧೀರಸ್ಯ ನ ಮಾನೋ ನಾವಮಾನತಾ ॥

24.

자연스레 (좋아함과 싫어함이 없는)
비어 있는 마음을 가지고 있으며,
자신이 원하는 대로 행위를 하는 현자는
보통 사람들처럼
명예와 불명예에 영향을 받지 않습니다.

कृतंदेहेनकर्मेदं नमया शुद्धरूपिणा। इतिचिन्तानुरोधीयः कुर्वन्नपिकरोतिन ॥२५॥

ಕೃತಂ ದೇಹೇನ ಕರ್ಮೇದಂ ನ ಮಯಾ ಶುದ್ಧರೂಪಿಣಾ ।
ಇತಿ ಚಿನ್ತಾನುರೋಧೀ ಯಃ ಕುರ್ವನ್ನಪಿ ಕರೋತಿ ನ ॥೨೫॥

25.

"이것은 몸에 의해 행해졌지,
순수한 참나인 내가 하지 않았다."와 같은 생각으로
행동하는 사람은
행하고 있더라도
행동하지 않고 있습니다.

अतद्वादीव कुरुते न भवेदपि बालिशः। जीवन्मुक्तः सुखी श्रीमान् संसरन्नपि शोभते॥
॥२६॥

ಅತದ್ವಾದೀವ ಕುರುತೇ ನ ಭವೇದಪಿ ಬಾಲಿಶಃ ।

ಜೀವನ್ಮುಕ್ತಃ ಸುಖೀ ಶ್ರೀಮಾನ್ ಸಂಸರನ್ನಪಿ ಶೋಭತೇ ॥

26.

지반묵따는

아무런 동기나 목적이 없이 행위를 합니다.

그렇다고 그는 바보가 아닙니다.

세상에 살고 있더라도

그는 행복하고 축복을 받았습니다.

नानाविचारसुश्रान्तो धीरोविश्रान्तिमागतः।नकल्पतेनजानातिनशृणोतिनपश्यति॥२७॥

ನಾನಾವಿಚಾರಸುಶ್ರಾನ್ತೋ ಧೀರೋ ವಿಶ್ರಾನ್ತಿಮಾಗತಃ ।
ನ ಕಲ್ಪತೇ ನ ಜಾನಾತಿ ನ ಶೃಣೋತಿ ನ ಪಶ್ಯತಿ । ೨೭ ।

27.

끝없는 마음의 작용에 지쳐
평화를 얻은 현자는
생각하지도, 알지도,
듣지도, 보지도 않습니다.

असमाधेरविक्षेपान्नमुमुक्षुर्नचेतरः।।निश्चित्यकल्पितंपश्यन्ब्रह्मैवास्तेमहाशयः॥२८॥

ಅಸಮಾಧೇರವಿಕ್ಷೇಪಾನ್ನ ಮುಮುಕ್ಷುರ್ನ ಚೇತರಃ।

ನಿಶ್ಚಿತ್ಯ ಕಲ್ಪಿತಂ ಪಶ್ಯನ್ ಬ್ರಹ್ಮೈವಾಸ್ತೇ ಮಹಾಶಯಃ॥೨೮॥

28.

위대한 영혼은

사마디와 마음의 흐트러짐을 초월하기 때문에

해방의 구도자도 아니며

굴레에 있지도 않습니다.

그는 우주가 환영임을 알아냈기에

비록 우주를 보고 있지만,

브람만으로 있습니다.

यस्यान्तःस्यादहङ्कारोनकरोतिकरोतिसः।निरहङ्कारधीरेणनकिञ्चिदकृतंकृतम्॥२९॥

ಯಸ್ಯಾನ್ತಃ ಸ್ಯಾದಹಙ್ಕಾರೋ ನ ಕರೋತಿ ಕರೋತಿ ಸಃ ।
ನಿರಹಙ್ಕಾರಧೀರೇಣ ನ ಕಿಞ್ಚಿದಕೃತಂ ಕೃತಮ್ ॥ ೨೯ ॥

29.

'나'를 가지고 있는 사람은
가만히 있을 때조차도 바쁩니다.
'나'를 벗어난 현자는
비록 행동하고 있을지라도
행동하지 않고 있습니다.

नोद्विग्नंनचसन्तुष्टमकर्तृस्पन्दवर्जितम्।निराशंगतसन्देहंचित्तंमुक्तस्यराजते॥३०॥

ನೋದ್ವಿಗ್ನಂ ನ ಚ ಸನ್ತುಷ್ಟಮಕರ್ತೃ ಸ್ಪನ್ದವರ್ಜಿತಮ್ ।
ನಿರಾಶಂ ಗತಸನ್ದೇಹಂ ಚಿತ್ತಂ ಮುಕ್ತಸ್ಯ ರಾಜತೇ ॥ ೩೦ ॥

30.

해방된 사람의 마음은

고통을 받지도 기뻐하지도 않습니다.

그것은 움직이지 않으며,

욕망이 없으며,

의심이 없습니다.

निर्ध्यातुंचेष्टितुंवापियच्चित्तंनप्रवर्तते। निर्निमित्तमिदंकिन्तुनिर्ध्यायति विचेष्टते ॥३१॥

ನಿರ್ಧ್ಯಾತುಂ ಚೇಷ್ಟಿತುಂ ವಾಪಿ ಯಚ್ಚಿತ್ತಂ ನ ಪ್ರವರ್ತತೇ ।

ನಿರ್ನಿಮಿತ್ತಮಿದಂ ಕಿನ್ತು ನಿರ್ಧ್ಯಾಯತಿ ವಿಚೇಷ್ಟತೇ ॥೩೧॥

31.

해방된 사람의 마음은

명상하거나 행위를 하려고 애쓰지 않습니다.

그러나 그의 마음은

아무런 동기 없이

명상적이 되고 활동적이게 됩니다.

तत्त्वंयथार्थमाकर्ण्यमन्दःप्राप्नोतिमूढतां।अथवायातिसङ्कोचममूढःकोपिमूढवत् ॥३२॥

ತತ್ತ್ವಂಯಥಾರ್ಥಮಾಕರ್ಣ್ಯಮನ್ದಃಪ್ರಾಪ್ನೋತಿಮೂಢತಾಂ।
ಅಥವಾ ಯಾತಿ ಸಙ್ಕೋಚಮಮೂಢಃ ಕೋಽಪಿ ಮೂಢವತ್ ॥

32.

어리석은 사람은

진정한 진리를 들으면 당황합니다.

현명한 사람은

둔한 사람처럼 자기 안으로 물러납니다.

एकाग्रता निरोधो वा मूढैरभ्यस्यते भृशम्। धीराः कृत्यं न पश्यन्ति सुप्तवत्स्वपदे स्थिताः॥३३॥

ಏಕಾಗ್ರತಾ ನಿರೋಧೋ ವಾ ಮೂಢೈರಭ್ಯಸ್ಯತೇ ಭೃಶಮ್ ।
ಧೀರಾಃ ಕೃತ್ಯಂ ನ ಪಶ್ಯನ್ತಿ ಸುಪ್ತವತ್ ಸ್ವಪದೇ ಸ್ಥಿತಾಃ ॥

33.

무지한 사람은

명상을 하거나 생각을 멈추는 수행에 전념합니다.

현명한 사람은

잠자는 사람처럼 자신 안에 있습니다.

그는 해야 할 어떤 것도 발견하지 못합니다.

अप्रयत्नात्प्रयत्नाद्वा मूढो नाप्नोति निर्वृतिं। तत्त्वनिश्चयमात्रेण प्राज्ञो भवति निर्वृतः॥ ३४॥

ಅಪ್ರಯತ್ನಾತ್ಪ್ರಯತ್ನಾದ್ವಾಮೂಢೋನಾಪ್ನೋತಿನಿರ್ವೃತಿಂ ।
ತತ್ತ್ವನಿಶ್ಚಯಮಾತ್ರೇಣ ಪ್ರಾಜ್ಞೋ ಭವತಿ ನಿರ್ವೃತಃ ॥೩೪॥

34.

무지한 사람은
행위를 하거나 행위를 버려도
평화에 이르지 못합니다.
현명한 사람은
진리를 확인하는 것만으로 행복해집니다.

शुद्धं बुद्धं प्रियं पूर्णं निष्प्रपञ्चं निरामयं। आत्मानं तं न जानन्ति तत्राभ्यासपरा जनाः॥३५॥

ಶುದ್ಧಂ ಬುದ್ಧಂ ಪ್ರಿಯಂ ಪೂರ್ಣಂ ನಿಷ್ಪ್ರಪಞ್ಚಂ ನಿರಾಮಯಂ।

ಆತ್ಮಾನಂ ತಂ ನ ಜಾನನ್ತಿ ತತ್ರಾಭ್ಯಾಸಪರಾ ಜನಾಃ ॥೩೫॥

35.

이 세상의 많은 사람들은

여러 가지 수련에 전념하더라도,

순수하고 지성적이고 사랑받고

완벽하고 우주를 초월하며

아무런 오점이 없는

참나를 알지 못합니다.

नाप्नोति कर्मणा मोक्षं विमूढोऽभ्यासरूपिणा। धन्यो विज्ञानमात्रेण मुक्तस्तिष्ठत्यविक्रियः॥
॥३६॥

ನಾಪ್ನೋತಿಕರ್ಮಣಾಮೋಕ್ಷಂವಿಮೂಢೋಽಭ್ಯಾಸರೂಪಿಣಾ।

ಧನ್ಯೋ ವಿಜ್ಞಾನಮಾತ್ರೇಣ ಮುಕ್ತಸ್ತಿಷ್ಠತ್ಯವಿಕ್ರಿಯಃ ॥೩೬॥

36.

무지한 사람은

활동이라는 반복된 수련으로

해방을 얻지 못합니다.

그러나 현명한 사람은

행동이 전혀 없는

단지 지식만으로 자유에 이릅니다.

मूढो नाप्नोति तद्ब्रह्म यतो भवितुमिच्छति। अनिच्छन्नपि धीरो हि परब्रह्मस्वरूपभाक्॥३७।

ಮೂಢೋ ನಾಪ್ನೋತಿ ತದ್ಬ್ರಹ್ಮ ಯತೋ ಭವಿತುಮಿಚ್ಛತಿ ।
ಅನಿಚ್ಛನ್ನಪಿ ಧೀರೋ ಹಿ ಪರಬ್ರಹ್ಮಸ್ವರೂಪಭಾಕ್ ॥ ೩೭ ॥

37.

무지한 사람은

브람만이 되기를 바라기 때문에

결코 그것을 발견하지 못합니다.

현명한 사람은

그것을 바라지 않고도

지고한 브람만을 확실히 깨닫습니다.

निराधारा ग्रहव्यग्रा मूढाः संसारपोषकाः। एतस्यानर्थमूलस्य मूलच्छेदः कृतो बुधैः ॥३८॥

ನಿರಾಧಾರಾ ಗ್ರಹವ್ಯಗ್ರಾ ಮೂಢಾಃ ಸಂಸಾರಪೋಷಕಾಃ ।
ಏತಸ್ಯಾನರ್ಥಮೂಲಸ್ಯ ಮೂಲಚ್ಛೇದಃ ಕೃತೋ ಬುಧೈಃ ॥

38.

무지한 사람은
자신의 진정한 존재에 대한
지식도 열렬함도 없으며
오로지 세상을 따라갑니다.
현명한 사람은
모든 불행의 근원인 이것(즉 세상)의 뿌리를 자릅니다.

न शान्तिं लभते मूढो यतः शमितुमिच्छति। धीरस्तत्त्वं विनिश्चित्य सर्वदा शान्तमानसः ॥३९॥

ನ ಶಾನ್ತಿಂ ಲಭತೆ ಮೂಢೋ ಯತಃ ಶಮಿತುಮಿಚ್ಛತಿ ।

ಧೀರಸ್ತತ್ತ್ವಂ ವಿನಿಶ್ಚಿತ್ಯ ಸರ್ವದಾ ಶಾನ್ತಮಾನಸಃ ॥ ೩೯ ॥

39.

어리석은 사람은

마음의 통제로

평화에 이르기를 바랍니다만

평화에 이르지 못합니다.

현명한 사람은 진리를 알아

항상 평화에 있습니다.

क्वात्मनोदर्शनंतस्ययद्दृष्टमवलम्बते।धीरास्तंतंनपश्यन्तिपश्यन्त्यात्मानमव्ययम्॥४०

ಕ್ವಾತ್ಮನೋ ದರ್ಶನಂ ತಸ್ಯ ಯದ್ದೃಷ್ಟಮವಲಮ್ಬತೇ ।
ಧೀರಾಸ್ತಂ ತಂ ನ ಪಶ್ಯನ್ತಿ ಪಶ್ಯನ್ತ್ಯಾತ್ಮಾನಮವ್ಯಯಂ ॥

40.

대상에 대한 지식에 의존하는 사람이

참나 지식을 볼 수 있겠습니까?

현명한 사람은

이것과 저것을 보지 않고,

무한한 자신인 참나를 봅니다.

कनिरोधोविमूढस्ययोनिर्बन्धंकरोतिवै।स्वारामस्यैवधीरस्यसर्वदाऽसावकृत्रिमः॥४१॥

ಕ್ವ ನಿರೋಧೋ ವಿಮೂಢಸ್ಯ ಯೋ ನಿರ್ಬನ್ಧಂ ಕರೋತಿ ವೈ ।
ಸ್ವಾರಾಮಸ್ಯೈವ ಧೀರಸ್ಯ ಸರ್ವದಾಽಸಾವಕೃತ್ರಿಮಃ ॥೪೧॥

41.

마음의 통제를 위해 애쓰는
미혹된 사람에게
(마음의) 통제가 어디에 있습니까?
참나 안에서 기뻐하는 현자에게는
그것이 언제나 자연스럽습니다.

भावस्य भावकः कश्चिन्न किञ्चिद्भावकोऽपरः । उभयाभावकः कश्चिदेवमेव निराकुलः ॥ ४२॥

ಭಾವಸ್ಯ ಭಾವಕಃ ಕಶ್ಚಿನ್ನ ಕಿಞ್ಚಿಧ್ಭಾವಕೋಽಪರಃ ।
ಉಭಯಾಭಾವಕಃ ಕಶ್ಚಿದೇವಮೇವ ನಿರಾಕುಲಃ ॥ ೪೨ ॥

42.

어떤 이는
무엇인가가 있다고 생각하고
다른 어떤 이는
"아무 것도 없다."고 생각합니다.
그 어느 것도 생각하지 않아,
그로 인해 고요한 사람은 드뭅니다.

शुद्धमद्वयमात्मानं भावयन्ति कुबुद्धयः। नतु जानन्ति संमोहाद्यावज्जीवमनिर्वृताः ॥४३॥

ಶುದ್ಧಮದ್ವಯಮಾತ್ಮಾನಂ ಭಾವಯನ್ತಿ ಕುಬುದ್ಧಯಃ ।

ನ ತು ಜಾನನ್ತಿ ಸಂಮೋಹಾದ್ಯಾವಜ್ಜೀವಮನಿರ್ವೃತಾಃ ।

43.

지성이 약한 사람은

참나가

순수하고 둘이 없는 하나라고 생각하지만,

미혹으로 인해 그것을 모르며,

살아 있는 한 행복하지 않습니다.

मुमुक्षोर्बुद्धिरालम्बमन्तरेणनविद्यते। निरालम्बैव निष्कामा बुद्धिर्मुक्तस्यसर्वदा ॥४४॥

ಮುಮುಕ್ಷೋರ್ಬುದ್ಧಿರಾಲಮ್ಬಮನ್ತರೇಣ ನ ವಿದ್ಯತೇ ।

ನಿರಾಲಮ್ಬೈವ ನಿಷ್ಕಾಮಾ ಬುದ್ಧಿರ್ಮುಕ್ತಸ್ಯ ಸರ್ವದಾ ॥

44.

해방을 갈망하는 지적인 사람은

대상에 의존적입니다.

하지만 해방된 지적인 사람은

진정 항상 스스로에 의존하며

욕망으로부터 자유롭습니다.

विषयद्वीपिनो वीक्ष्य चकिताः शरणार्थिनः। विशन्ति झटिति क्रोडं निरोधैकाग्र्यसिद्धये
॥४५॥

ವಿಷಯದ್ವೀಪಿನೋ ವೀಕ್ಷ್ಯ ಚಕಿತಾಃ ಶರಣಾರ್ಥಿನಃ ।

ವಿಶನ್ತಿ ಝಟಿತಿ ಕ್ರೋಡಂ ನಿರೋಧೈಕಾಗ್ರಸಿದ್ಧಯೇ ॥೪೫॥

45.

감각의 대상인

호랑이를 보고 놀란 사람은

즉시 동굴로 피신합니다.

거기서 집중과 명상의 수행을 합니다.

निर्वासनं हरिं दृष्ट्वा तूष्णीं विषयदन्तिनः। पलायन्ते न शक्तास्ते सेवन्ते कृतचाटवः ॥४६॥

ನಿರ್ವಾಸನಂ ಹರಿಂ ದೃಷ್ಟ್ವಾ ತೂಷ್ಣೀಂ ವಿಷಯದನ್ತಿನಃ ।

ಪಲಾಯನ್ತೇ ನ ಶಕ್ತಾಸ್ತೇ ಸೇವನ್ತೇ ಕೃತಚಾಟವಃ ॥೪೬॥

46.

감각의 대상인 코끼리들은

욕망이 없는 사자와 같은 사람을 보면

조용히 도망가고,

그렇게 할 수 없을 때는

아첨꾼처럼 그를 섬깁니다.

नमुक्तिकारिकां धत्ते निःशङ्को युक्तमानसः। पश्यन् शृण्वन् स्पृशन् जिघ्रन्नश्नन्नास्ते यथासुखम्
॥४७॥

ನ ಮುಕ್ತಿಕಾರಿಕಾಂ ಧತ್ತೇ ನಿಃಶಙ್ಕೋ ಯುಕ್ತಮಾನಸಃ ।
ಪಶ್ಯನ್ ಶೃಣ್ವನ್ ಸ್ಪೃಶನ್ ಜಿಘ್ರನ್ನಶ್ನನ್ನಾಸ್ತೇ ಯಥಾಸುಖಮ್ ॥

47.

의심이 없고

자신의 마음이 참나에 고정된 사람은

해방의 수단으로서

통제의 수행에 의존하지 않습니다.

그는 보고, 듣고, 만지고, 냄새 맡고,

먹으면서 행복하게 삽니다.

वस्तुश्रवणमात्रेण शुद्धबुद्धिर्निराकुलः। नैवाचारमनाचारमौदास्यंवा प्रपश्यति॥४८॥

ವಸ್ತುಶ್ರವಣಮಾತ್ರೇಣ ಶುದ್ಧಬುದ್ಧಿರ್ನಿರಾಕುಲಃ ।
ನೈವಾಚಾರಮನಾಚಾರಮೌದಾಸ್ಯಂ ವಾ ಪ್ರಪಶ್ಯತಿ । ೪೮ ।

48.

진리(브람만)를 그냥 들음으로
마음이 비워지고
산만해지지 않는 사람은
해야 할 것이나 피해야 할 것을
알지 못하며
또한 무관심하지도 않습니다.

यदायत्कर्तुमायातितदातत्कुरुतेऋजुः।शुभंवाप्यशुभंवापितस्यचेष्टाहिबालवत्॥४९॥

ಯದಾ ಯತ್ಕರ್ತುಮಾಯಾತಿ ತದಾ ತತ್ಕುರುತೇ ಋಜುಃ ।
ಶುಭಂ ವಾಪ್ಯಶುಭಂ ವಾಪಿ ತಸ್ಯ ಚೇಷ್ಟಾ ಹಿ ಬಾಲವತ್ ॥

49.

순진한 사람은
해야 하는 일이라면
선한 것이든 악한 것이든 합니다.
오는 것이라면 어떤 것이든 합니다.
왜냐하면 그는
어린 아이와도 같기 때문입니다.

स्वातन्त्र्यात्सुखमाप्नोति स्वातन्त्र्याल्लभते परम्। स्वातन्त्र्यान्निर्वृतिं गच्छेत् स्वातन्त्र्यात्परमं पदम्॥ ॥५०।

ಸ್ವಾತನ್ತ್ರ್ಯಾತ್ ಸುಖಮಾಪ್ನೋತಿ ಸ್ವಾತನ್ತ್ರ್ಯಾಲ್ಲಭತೇ ಪರಮ್।
ಸ್ವಾತನ್ತ್ರ್ಯಾನ್ನಿರ್ವೃತಿಂಗಚ್ಛೇತ್ ಸ್ವಾತನ್ತ್ರ್ಯಾತ್ಪರಮಂಪದಮ್ ॥

50.

자기에 의존함으로

그는 행복에 이르며,

자기에 의존함으로

그는 최고에 이르며,

자기에 의존함으로

그는 생각 없음에 이르며,

자기에 의존함으로

그는 지고한 경지에 이릅니다.

अकर्तृत्वमभोक्तृत्वंस्वात्मनोमन्यतेयदा। तदाक्षीणाभवन्त्येवसमस्ताश्चित्तवृत्तयः॥५१॥

ಅಕರ್ತೃತ್ವಮಭೋಕ್ತೃತ್ವಂ ಸ್ವಾತ್ಮನೋ ಮನ್ಯತೇ ಯದಾ।
ತದಾ ಕ್ಷೀಣಾ ಭವನ್ತ್ಯೇವ ಸಮಸ್ತಾಶ್ಚಿತ್ತವೃತ್ತಯಃ ॥೫೧॥

51.

자기 자신이

행위자도 아니고

결과를 거두어들이는 자도

아님을 깨달을 때

마음의 모든 폭풍은 가라앉습니다.

उच्छृङ्खलाप्यकृतिका स्थितिर्धीरस्य राजते। न तु सस्पृहचित्तस्य शान्तिर्मूढस्य कृत्रिमा ॥५२॥

ಉಚ್ಛೃಙ್ಖಲಾಪ್ಯಕೃತಿಕಾ ಸ್ಥಿತಿರ್ಧೀರಸ್ಯ ರಾಜತೇ ।
ನ ತು ಸಸ್ಪೃಹಚಿತ್ತಸ್ಯ ಶಾನ್ತಿರ್ಮೂಢಸ್ಯ ಕೃತ್ರಿಮಾ ॥೫೨॥

52.

겉치레와 동기가 없는
현자의 행위는
깨끗한 빛처럼 빛나지만,
어리석은 구도자의
고의적이며 가장된 고요는
그렇지 않습니다.

विलसन्ति महाभोगैर्विशन्ति गिरिगह्वरान् । निरस्तकल्पना धीरा अबद्धा मुक्तबुद्धयः ॥५३॥

ವಿಲಸನ್ತಿ ಮಹಾಭೋಗೈರ್ವಿಶನ್ತಿ ಗಿರಿಗಹ್ವರಾನ್ ।
ನಿರಸ್ತಕಲ್ಪನಾ ಧೀರಾ ಅಬದ್ಧಾ ಮುಕ್ತಬುದ್ಧಯಃ ॥ ೫೩ ॥

53.

마음의 투사가 없으며,
얽매이지 않으며,
자유로운 지성을 가진 현자는
때로는 큰 즐거움 가운데서 놀고,
때로는 산의 동굴로 은둔합니다.

श्रोत्रियंदेवतांतीर्थमङ्गनांभूपतिंप्रियं।दृष्ट्वासम्पूज्यधीरस्यनकापिहृदिवासना॥५४॥

ಶ್ರೋತ್ರಿಯನ್ದೇವತಾಂತೀರ್ಥಮಙ್ಗನಾಮ್ಭೂಪತಿಂ ಪ್ರಿಯಂ।

ದೃಷ್ಟ್ವಾ ಸಮ್ಪೂಜ್ಯ ಧೀರಸ್ಯ ನ ಕಾಪಿ ಹೃದಿ ವಾಸನಾ ॥೫೪॥

54.

경전에 밝은 브람민, 신들,

신성한 장소, 여자 또는 남자,

왕 또는 사랑하는 이를

보거나 경의를 표할 때,

현자의 가슴에는

어떤 욕망도 생겨나지 않습니다.

भृत्यैःपुत्रैःकलत्रैश्चदौहित्रैश्चापिगोत्रजैः।विहस्यधिक्कृतोयोगीनयातिविकृतिंमनाक्॥५५॥

ಭೃತ್ಯೈಃ ಪುತ್ರೈಃ ಕಲತ್ರೈಶ್ಚ ದೌಹಿತ್ರೈಶ್ಚಾಪಿ ಗೋತ್ರಜೈಃ।
ವಿಹಸ್ಯ ಧಿಕ್ಕೃತೋ ಯೋಗೀ ನ ಯಾತಿ ವಿಕೃತಿಂ ಮನಾಕ್ ॥

55.

요기는 자신의 하인, 자식, 배우자,

손자와 친척들에게

비웃음거리가 되거나

멸시 당하여도

전혀 동요되지 않습니다.

सन्तुष्टोपिनसन्तुष्टः खिन्नोपिनचखिद्यते ।तस्याश्चर्यदशांतांतांतादृशाएवजानते ॥५६॥

ಸನ್ತುಷ್ಟೋಽಪಿ ನ ಸನ್ತುಷ್ಟಃ ಖಿನ್ನೋಽಪಿ ನ ಚ ಖಿದ್ಯತೇ ।

ತಸ್ಯಾಶ್ಚರ್ಯದಶಾಂ ತಾಂ ತಾಂ ತಾದೃಶಾ ಏವ ಜಾನತೇ ॥

56.

그는 기쁨 중에서도

기뻐하지 않고,

고통 중에서도

고통스러워하지 않습니다.

오직 그와 같은 사람들만이

그의 경이로운 상태를 이해합니다.

कर्तव्यतैव संसारो न तां पश्यन्ति सूरयः। शून्याकारा निराकारा निर्विकारा निरामयाः॥५७॥

ಕರ್ತವ್ಯತೈವ ಸಂಸಾರೋ ನ ತಾಂ ಪಶ್ಯನ್ತಿ ಸೂರಯಃ।

ಶೂನ್ಯಾಕಾರಾ ನಿರಾಕಾರಾ ನಿರ್ವಿಕಾರಾ ನಿರಾಮಯಾಃ॥

57.

의무감이 정말로 삼사라(세상)입니다.

자신이 모든 곳에 퍼져 있으며,

형상이 없으며,

변하지 않으며,

흠이 없는 참나라는 것을 깨달은 현명한 사람은

의무와 삼사라를 보지 못합니다.

अकुर्वन्नपि संक्षोभाद्व्यग्रः सर्वत्र मूढधीः। कुर्वन्नपि तु कृत्यानि कुशलो हि निराकुलः॥५८॥

ಅಕುರ್ವನ್ನಪಿ ಸಂಕ್ಷೋಭಾದ್ವ್ಯಗ್ರಃ ಸರ್ವತ್ರ ಮೂಢಧೀಃ ।
ಕುರ್ವನ್ನಪಿ ತು ಕೃತ್ಯಾನಿ ಕುಶಲೋ ಹಿ ನಿರಾಕುಲಃ ॥ ೫೮ ॥

58.

우둔한 지성을 가진 사람은
아무 것도 하지 않고 있을지라도
늘 산만함으로 동요됩니다.
그러나 현자는
자신의 일을 하고 있을지라도
동요되지 않습니다.

सुखमास्ते सुखं शेते सुखमायाति याति च । सुखं वक्ति सुखं भुङ्क्ते व्यवहारेऽपि शान्तधीः ॥५९॥

ಸುಖಮಾಸ್ತೇ ಸುಖಂ ಶೇತೇ ಸುಖಮಾಯಾತಿ ಯಾತಿ ಚ ।
ಸುಖಂ ವಕ್ತಿ ಸುಖಂ ಭುಙ್ಕ್ತೇ ವ್ಯವಹಾರೇಽಪಿ ಶಾನ್ತಧೀಃ ॥

59.

실생활에서조차도 현명한 사람은
침착합니다.
그는 서 있을 때도 행복하고,
앉아 있을 때도 행복하고,
말할 때도 행복하고,
먹을 때도 행복하고,
잘 때도 행복하고,
오고 갈 때도 행복합니다.

स्वभावाद्यस्य नैवार्तिर्लोकवद्व्यवहारिणः। महाह्रद इवाक्षोभ्यो गतक्लेशः सुशोभते॥ ६०॥

ಸ್ವಭಾವಾದ್ಯಸ್ಯ ನೈವಾರ್ತಿರ್ಲೋಕವದ್ವ್ಯವಹಾರಿಣಃ ।
ಮಹಾಹ್ರದ ಇವಾಕ್ಷೋಭ್ಯೋ ಗತಕ್ಲೇಶಃ ಸುಶೋಭತೇ ।

60.

참나를 알기 때문에 현자는
실생활에서도 보통사람처럼 혼란되지 않습니다.
그는 거대한 호수의 표면처럼
부드럽고 빛이 납니다.
그의 슬픔은 끝났습니다.

निवृत्तिरपि मूढस्य प्रवृत्तिरुपजायते । प्रवृत्तिरपि धीरस्य निवृत्तिफलभागिनी ॥६१॥

ನಿವೃತ್ತಿರಪಿ ಮೂಢಸ್ಯ ಪ್ರವೃತ್ತಿರುಪಜಾಯತೇ ।
ಪ್ರವೃತ್ತಿರಪಿ ಧೀರಸ್ಯ ನಿವೃತ್ತಿಫಲಭಾಗಿನೀ ॥ ೬೧ ॥

61.

어리석은 사람은
행위를 하지 않을 때조차도
바쁩니다.
현자는 행위를 할 때조차도
무행위의 결실을 거두어들입니다.

परिग्रहेषुवैराग्यंप्रायोमूढस्यदृश्यते।देहेविगलिताशस्यक्वरागःक्वविरागता॥६२॥

ಪರಿಗ್ರಹೇಷು ವೈರಾಗ್ಯಂ ಪ್ರಾಯೋ ಮೂಢಸ್ಯ ದೃಶ್ಯತೇ ।
ದೇಹೇ ವಿಗಲಿತಾಶಸ್ಯ ಕ್ವ ರಾಗಃ ಕ್ವ ವಿರಾಗತಾ ॥ ೬೨ ॥

62.

미혹된[36] 사람은

자신의 소유물에

종종 불만을 보입니다.

몸에 대한 집착이 떨어져나간 사람은

집착이나 혐오가 없습니다.

36 자신의 몸에 집착하여 그것과 동일시하는

भावना भावनासक्तिर्दृष्टिर्मूढस्य सर्वदा। भाव्य भावनया सा तु स्वस्थस्यादृष्टिरूपिणी॥६३॥

ಭಾವನಾ ಭಾವನಾಸಕ್ತಿರ್ದೃಷ್ಟಿರ್ಮೂಢಸ್ಯ ಸರ್ವದಾ ।

ಭಾವ್ಯಭಾವನಯಾ ಸಾ ತು ಸ್ವಸ್ಥಸ್ಯಾದೃಷ್ಟಿರೂಪಿಣೀ ॥೬೩॥

63.

어리석은 사람의 마음은

항상 생각이나

생각하지 않음에 붙잡혀 있습니다.

그러나 현자는 생각하더라도

생각 없음에 있습니다.

सर्वारम्भेषु निष्कामो यश्चरेद्बालवन्मुनिः। न लेपस्त[illegible]माणेऽपि कर्मणि ॥६४॥

ಸರ್ವಾರಂಭೇಷು ನಿಷ್ಕಾಮೋ ಯಶ್ಚರೇದ್ಬಾಲವನ್ಮುನಿಃ ।
ನ ಲೇಪಸ್ತಸ್ಯ ಶುದ್ಧಸ್ಯ ಕ್ರಿಯಮಾಣೇಽಪಿ ಕರ್ಮಣಿ ॥ ೬೪ ॥

64.

현자의 행위는

아무런 동기가 없으며

순수합니다.

무엇을 하든 아무런 집착이 없습니다.

그는 어린 아이와 같습니다.

स एव धन्य आत्मज्ञः सर्वभावेषु यः समः। पश्यन् शृण्वन् स्पृशन् जिघ्रन्नश्नन्निस्तर्षमानसः ॥६५॥

ಸ ಏವ ಧನ್ಯ ಆತ್ಮಜ್ಞಃ ಸರ್ವಭಾವೇಷು ಯಃ ಸಮಃ ।

ಪಶ್ಯನ್ ಶೃಣ್ವನ್ ಸ್ಪೃಶನ್ ಜಿಘ್ರನ್ನಶ್ನನ್ನಿಸ್ತೃರ್ಷಮಾನಸಃ ॥

65.

참나를 아는 자는 축복을 받았습니다.

그는 더 이상 욕망이 없습니다.

그가 무엇을 보든, 듣든,

냄새를 맡든, 접촉을 하든 혹은 맛보든

모든 상황에서 같은 채로 있습니다.

क्वसंसारः क्वचाभासः क्वसाध्यंक्वचसाधनं ।आकाशस्येवधीरस्यनिर्विकल्पस्यसर्वदा ॥६६॥

ಕ್ವ ಸಂಸಾರಃ ಕ್ವ ಚಾಭಾಸಃ ಕ್ವ ಸಾಧ್ಯಂ ಕ್ವ ಚ ಸಾಧನಂ ।
ಆಕಾಶಸ್ಯೇವ ಧೀರಸ್ಯ ನಿರ್ವಿಕಲ್ಪಸ್ಯ ಸರ್ವದಾ ॥ ೬೬ ॥

66.

하늘 같이 늘 변화가 없는 현자에게
세상이 어디에 있으며,
세상의 상상이 어디에 있으며,
세상의 경험자는 어디에 있으며,
얻어야 할 목표는 어디에 있으며,
거기에 이르는 수단은 어디에 있습니까?

न जयत्यर्थसन्न्यासी पूर्णस्वरसविग्रहः। अकृत्रिमोऽनवच्छिन्ने समाधिर्यस्य वर्तते ॥६७॥

ನ ಜಯತ್ಯರ್ಥಸನ್ನ್ಯಾಸೀ ಪೂರ್ಣಸ್ವರಸವಿಗ್ರಹಃ ।
ಅಕೃತ್ರಿಮೋಽನವಚ್ಛಿನ್ನೇ ಸಮಾಧಿರ್ಯಸ್ಯ ವರ್ತತೇ ॥೬೭॥

67.

모든 욕망으로부터 자유로우며
그 자신의 본성인
완전한 희열의 구현이며
무조건적인 자연스러운 사마디에
자연적으로 흡수되어 있는 사람은
눈부시게 아름답습니다.

बहुनात्र किमुक्तेन ज्ञाततत्त्वो महाशयः। भोगमोक्षनिराकांक्षी सदा सर्वत्र नीरसः॥६८॥

ಬಹುನಾತ್ರ ಕಿಮುಕ್ತೇನ ಜ್ಞಾತತತ್ತ್ವೋ ಮಹಾಶಯಃ ।
ಭೋಗಮೋಕ್ಷನಿರಾಕಾಂಕ್ಷೀ ಸದಾ ಸರ್ವತ್ರ ನೀರಸಃ ॥ ೬೮ ॥

68.

요컨대 진리를 깨달은
위대한 영혼은
쾌락과 해방에 대한 욕망이 없으며
어느 때나 어느 장소에서나
아무런 집착이 없습니다.

महदादिजगद्द्वैतं नाममात्रविजृंभितं । विहाय शुद्धबोधस्य किं कृत्यमवशिष्यते ॥६९॥

ಮಹದಾದಿ ಜಗದ್ದ್ವೈತಂ ನಾಮಮಾತ್ರವಿಜೃಂಭಿತಂ ।

ವಿಹಾಯ ಶುದ್ಧಬೋಧಸ್ಯ ಕಿಂ ಕೃತ್ಯಮವಶಿಷ್ಯತೇ ॥ ೬೯ ॥

69.

순수한 의식의 사람에게

해야 할 무엇이 남아 있습니까?

그는 최상의 천국으로부터

이 지상에 이르기까지

세상들로 표현될 수 있는

모든 것을 포기했습니다.

भ्रमभूतमिदं सर्वं किञ्चिन्नास्तीतिनिश्चयी। अलक्ष्यस्फुरणःशुद्धःस्वभावेनैवशाम्यति॥७०॥

ಭ್ರಮಭೂತಮಿದಂ ಸರ್ವಂ ಕಿಞ್ಚಿನ್ನಾಸ್ತೀತಿ ನಿಶ್ಚಯೀ ।

ಅಲಕ್ಷ್ಯಸ್ಫುರಣಃ ಶುದ್ಧಃ ಸ್ವಭಾವೇನೈವ ಶಾಮ್ಯತಿ ॥ ೭೦ ॥

70.

순수한 사람은

이 우주가 환영의 산물이며

아무 것도 존재하지 않는다는 것을 확실히 압니다.

그는 표현될 수 없는 것을 봅니다.

그는 평화를 자연스럽게 즐깁니다.

शुद्धस्फुरणरूपस्यदृश्यभावमपश्यतः।क्वविधिःक्वचवैराग्यंक्वत्यागःक्वशमोपिवा॥७१॥

ಶುದ್ಧಸ್ಫುರಣರೂಪಸ್ಯ ದೃಶ್ಯಭಾವಮಪಶ್ಯತಃ ।
ಕ್ವ ವಿಧಿಃ ಕ್ವ ಚ ವೈರಾಗ್ಯಂ ಕ್ವ ತ್ಯಾಗಃ ಕ್ವ ಶಮೋಽಪಿ ವಾ ॥

71.

그는 순수한 빛나는 의식이며
현상계를 보지 않습니다.
그에게 규칙, 냉정[dispassion],
포기와 감각의 억제와 같은 것들이
무엇입니까?

स्फुरतोऽनन्तरूपेणप्रकृतिंचनपश्यतः।क्वबन्धःक्वचवामोक्षःक्वहर्षःक्वविषादिता॥७२॥

ಸ್ಫುರತೋಽನನ್ತರೂಪೇಣ ಪ್ರಕೃತಿಂ ಚ ನ ಪಶ್ಯತಃ।
ಕ್ವ ಬನ್ಧಃ ಕ್ವ ಚ ವಾ ಮೋಕ್ಷಃ ಕ್ವ ಹರ್ಷಃ ಕ್ವ ವಿಷಾದಿತಾ ॥

72.

무한으로 빛나며
세상을 지각하지 않는 그에게
속박 또는 해방,
기쁨 또는 슬픔이
어디에 있습니까?

बुद्धिपर्यन्तसंसारे मायामात्रं विवर्तते । निर्ममो निरहङ्कारो निष्कामः शोभते बुधः ॥७३॥

ಬುದ್ಧಿಪರ್ಯನ್ತಸಂಸಾರೇ ಮಾಯಾಮಾತ್ರಂ ವಿವರ್ತತೇ ।
ನಿರ್ಮಮೋ ನಿರಹಙ್ಕಾರೋ ನಿಷ್ಕಾಮಃ ಶೋಭತೇ ಬುಧಃ ॥

73.

참나 깨달음 전에는
오직 세상만이 만연합니다.
참나 지식과 더불어
환영의 세상은 사라집니다.
현자는 "나", "나의 것"과
집착의 느낌이 없이 삽니다.

अक्षयं गतसन्तापमात्मानं पश्यतो मुनेः। क्व विद्या च क्व वा विश्वं क्व देहोऽहं ममेति वा ॥७४॥

ಅಕ್ಷಯಂ ಗತಸನ್ತಾಪಮಾತ್ಮಾನಂ ಪಶ್ಯತೋ ಮುನೇಃ।
ಕ್ವ ವಿದ್ಯಾ ಚ ಕ್ವ ವಾ ವಿಶ್ವಂ ಕ್ವ ದೇಹೋಽಹಂ ಮಮೇತಿ ವಾ।

74.

자신의 참나가 불멸이고

슬픔이 없다고 지각하는 현자에게,

지식이 무엇이며,

우주는 무엇이며,

'나는 몸이다' 혹은

'몸은 나의 것이다'라는 느낌이 무엇입니까?

निरोधादीनिकर्माणि जहाति जडधीर्यदि।मनोरथान्प्रलापांश्चकर्तुमाप्नोतितत्क्षणात् ॥७५॥

ನಿರೋಧಾದೀನಿ ಕರ್ಮಾಣಿ ಜಹಾತಿ ಜಡಧೀರ್ಯದಿ ।

ಮನೋರಥಾನ್ಪ್ರಲಾಪಾಂಶ್ಚಕರ್ತುಮಾಪ್ನೋತಿತತ್ಕ್ಷಣಾತ್ ।

75.

둔한 지성을 가진 사람은

집중과 여타의 수련을

그만두자마자

바로 욕망과 공상의 희생양이 됩니다.

मन्दः श्रुत्वापि तद्वस्तु न जहाति विमूढताम्। निर्विकल्पो बहिर्यत्नादन्तर्विषयलालसः ॥७६॥

ಮನ್ದಃ ಶ್ರುತ್ವಾಪಿ ತದ್ವಸ್ತು ನ ಜಹಾತಿ ವಿಮೂಢತಾಮ್ ।
ನಿರ್ವಿಕಲ್ಪೋ ಬಹಿರ್ಯತ್ನಾದನ್ತರ್ವಿಷಯಲಾಲಸಃ ॥ ೭೬ ॥

76.

진리를 듣고 난 뒤조차도
어리석은 사람은
자신의 어리석음에 매달립니다.
그는 고요하고
차분한 것처럼 보이도록
아무리 노력해도
안에는 감각의 대상에 대한 갈망이 가득합니다.

ज्ञानाद्गलितकर्मायोलोकदृष्ट्यापिकर्मकृत्।नाप्नोत्यवसरंकर्तुंवक्तुमेवनकिञ्चन॥७७॥

ಜ್ಞಾನಾದ್ಗಳಿತಕರ್ಮಾ ಯೋ ಲೋಕದೃಷ್ಟ್ಯಾಪಿ ಕರ್ಮಕೃತ್ ।

ನಾಪ್ನೋತ್ಯವಸರಂ ಕರ್ತುಂ ವಕ್ತುಮೇವ ನ ಕಿಞ್ಚನ ॥೭೭॥

77.

진리를 이해하게 될 때

일은 떨어져 나갑니다.

다른 사람들의 눈에는

일을 하고 있는 것처럼 보일지라도

그는 어떤 일을 하거나

무엇을 말할 기회를 찾지 못합니다.

क्वतमःक्वप्रकाशोवाहानंक्वचनकिञ्चन।निर्विकारस्यधीरस्यनिरातङ्कस्यसर्वदा॥७८॥

ಕ್ವ ತಮಃ ಕ್ವ ಪ್ರಕಾಶೋ ವಾ ಹಾನಂ ಕ್ವ ಚ ನ ಕಿಞ್ಚನ ।
ನಿರ್ವಿಕಾರಸ್ಯ ಧೀರಸ್ಯ ನಿರಾತಙ್ಕಸ್ಯ ಸರ್ವದಾ ॥ ೭೮ ॥

78.

항상 같은 채로 있으며
두려움이 없는 그에게
어둠이,
포기가 어디에 있습니까?
전혀 아무것도 없습니다.

क्व धैर्यं क्व विवेकित्वं क्व निरातङ्कतापि वा। अनिर्वाच्यस्वभावस्य निःस्वभावस्य योगिनः ॥७९॥

ಕ್ವ ಧೈರ್ಯಂ ಕ್ವ ವಿವೇಕಿತ್ವಂ ಕ್ವ ನಿರಾತಙ್ಕತಾಪಿ ವಾ।
ಅನಿರ್ವಾಚ್ಯಸ್ವಭಾವಸ್ಯ ನಿಃಸ್ವಭಾವಸ್ಯ ಯೋಗಿನಃ ॥ ೭೯ ॥

79.

그는 '나'가 없으며
그의 성품은 말해질 수 없습니다.
그와 같은 요기에게
인내란 무엇이며,
식별이란 무엇이며,
두려움 없음이란 무엇입니까?

नस्वर्गो नैवनरको जीवन्मुक्तिर्नचैवहि। बहुनात्रकिमुक्तेनयोगदृष्ट्यानकिञ्चन ॥८०॥

ನ ಸ್ವರ್ಗೋ ನೈವ ನರಕೋ ಜೀವನ್ಮುಕ್ತಿರ್ನ ಚೈವ ಹಿ ।
ಬಹುನಾತ್ರ ಕಿಮುಕ್ತೇನ ಯೋಗದೃಷ್ಟ್ಯಾ ನ ಕಿಂಚನ ॥೮೦॥

80.

천국도, 지옥도,

심지어 삶 중의 해방도 없습니다.

간단히 말하면,

요기의 의식에는

아무 것도 존재하지 않습니다.

नैवप्रार्थयते लाभं नालाभेनानुशोचति। धीरस्य शीतलं चित्तममृतेनैव पूरितम्॥८१॥

ನೈವ ಪ್ರಾರ್ಥಯತೇ ಲಾಭಂ ನಾಲಾಭೇನಾನುಶೋಚತಿ ।
ಧೀರಸ್ಯ ಶೀತಲಂ ಚಿತ್ತಮಮೃತೇನೈವ ಪೂರಿತಮ್ ॥೮೧॥

81.

현자는
아무 것도 얻기를 바라지 않으며
얻지 못한 것을 슬퍼하지도 않습니다.
그의 마음은 서늘하며
진정 넥타로 가득 차 있습니다.

नशान्तं स्तौति निष्कामो नदुष्टमपि निन्दति। समदुःखसुखस्तृप्तः किञ्चित्कृत्यंनपश्यति॥
॥८२॥

ನ ಶಾನ್ತಂ ಸ್ತೌತಿ ನಿಷ್ಕಾಮೋ ನ ದುಷ್ಟಮಪಿ ನಿನ್ದತಿ ।
ಸಮದುಃಖಸುಖಸ್ತೃಪ್ತಃ ಕಿಞ್ಚಿತ್ ಕೃತ್ಯಂ ನ ಪಶ್ಯತಿ ॥ ೮೨ ॥

82.

욕망이 없는 사람은
온화한 사람을 칭찬하지 않으며,
사악한 사람이라 할지라도 비난하지 않습니다.
만족해 하고 행복과 불행에 있어
한결같은 그는
해야 할 일이 전혀 없습니다.

धीरोनद्वेष्टिसंसारमात्मानंनदिदृक्षति। हर्षामर्षविनिर्मुक्तोनमृतोनचजीवति॥८३॥

ಧೀರೋ ನ ದ್ವೇಷ್ಟಿ ಸಂಸಾರಮಾತ್ಮಾನಂ ನ ದಿದೃಕ್ಷತಿ ।
ಹರ್ಷಾಮರ್ಷವಿನಿರ್ಮುಕ್ತೋ ನ ಮೃತೋ ನ ಚ ಜೀವತಿ ॥

83.

현자는 세상을 싫어하지 않으며,
참나를 지각하고 싶어 하지도 않습니다.
그는 기쁨과 슬픔으로부터 자유로워져서
죽은 것도 아니고
살아있는 것도 아닙니다.

निःस्नेहःपुत्रदारादौ निष्कामोविषयेषुच। निश्चिन्तःस्वशरीरेपि निराशःशोभतेबुधः॥८४॥

ನಿಃಸ್ನೇಹಃ ಪುತ್ರದಾರಾದೌ ನಿಷ್ಕಾಮೋ ವಿಷಯೇಷು ಚ ।

ನಿಶ್ಚಿನ್ತಃ ಸ್ವಶರೀರೇಽಪಿ ನಿರಾಶಃ ಶೋಭತೇ ಬುಧಃ ॥ ೮೪ ॥

84.

기대가 없고,

자식, 배우자와 다른 사람들에 대한 집착이 없으며,

감각의 대상에 대한 욕망이 없으며,

자신의 몸조차도 신경을 쓰지 않는

현자의 삶에 영광이 있습니다.

तुष्टिः सर्वत्र धीरस्य यथापतितवर्तिनः। स्वच्छन्दं चरतो देशान्यत्रास्तमितशायिनः॥८५॥

ತುಷ್ಟಿಃ ಸರ್ವತ್ರ ಧೀರಸ್ಯ ಯಥಾಪತಿತವರ್ತಿನಃ ।
ಸ್ವಚ್ಛನ್ದಂ ಚರತೋ ದೇಶಾನ್ಯತ್ರಾಸ್ತಮಿತಶಾಯಿನಃ ॥೮೫॥

85.

자신에게 어떤 일이 일어나든
그것에 살아가고,
태양이 지는 곳에서 쉬면서
기뻐하며 돌아다니는
현자의 가슴 속에는
언제나 만족이 깃들어 있습니다.

पततूदेतुवादेहो नास्यचिन्ता महात्मनः।स्वभावभूमिविश्रान्तिविस्मृताशेषसंसृतेः॥८६॥

ಪತತೂದೇತು ವಾ ದೇಹೋ ನಾಸ್ಯ ಚಿನ್ತಾ ಮಹಾತ್ಮನಃ ।

ಸ್ವಭಾವಭೂಮಿವಿಶ್ರಾನ್ತಿವಿಸ್ಮೃತಾಶೇಷಸಂಸೃತೇಃ ॥ ೮೬ ॥

86.

자기 자신의 존재의 토대에

확고히 뿌리내리고 있으며,

탄생과 환생을 완전히 초월하여 있는

위대한 영혼은

자신의 몸이 죽든 태어나든

신경을 쓰지 않습니다.

आकिञ्चनः कामचारो निर्द्वन्द्वश्छिन्नसंशयः। असक्तः सर्वभावेषु केवलो रमते बुधः॥८७॥

ಅಕಿಞ್ಚನಃ ಕಾಮಚಾರೋ ನಿರ್ದ್ವನ್ದ್ವಶ್ಛಿನ್ನಸಂಶಯಃ।
ಅಸಕ್ತಃ ಸರ್ವಭಾವೇಷು ಕೇವಲೋ ರಮತೇ ಬುಧಃ॥೮೭॥

87.

홀로 서는,
아무 것에도 집착하지 않는,
어떤 소유물도 가지지 않는,
자유롭게 다니는,
상반되는 것들로부터 자유로운,
그리고 의심이 산산조각 나버린
위대한 현자는 축복받습니다.

निर्ममः शोभते धीरः समलोष्टाश्मकाञ्चनः। सुभिन्नहृदयग्रन्थिर्विनिर्धूतरजस्तमाः ॥८८॥

ನಿರ್ಮಮಃ ಶೋಭತೇ ಧೀರಃ ಸಮಲೋಷ್ಟಾಶ್ಮಕಾಂಚನಃ ।

ಸುಭಿನ್ನಹೃದಯಗ್ರನ್ಥಿರ್ವಿನಿರ್ಧೂತರಜಸ್ತಮಾಃ ॥ ೮೮ ॥

88.

흙, 돌이나 금이 같으며,

"나의 것"이라는 것이 없으며,

가슴의 매듭이 산산이 부서졌으며,

라자스와 따마스가 완전히 제거된

현자에게 영광이 있습니다.

सर्वत्रानवधानस्यनकिञ्चिद्वासनाहृदि।मुक्तात्मनोवितृप्तस्यतुलनाकेनजायते॥८९॥

ಸರ್ವತ್ರಾನವಧಾನಸ್ಯ ನ ಕಿಞ್ಚಿದ್ವಾಸನಾ ಹೃದಿ।
ಮುಕ್ತಾತ್ಮನೋ ವಿತೃಪ್ತಸ್ಯ ತುಲನಾ ಕೇನ ಜಾಯತೇ ॥

89.

가슴에 아무런 욕망이 없으며,

모든 것에 만족하며,

무심하며,

해방된 영혼과

비교될 사람이 누가 있겠습니까?

ज्ञानन्नपि न जानाति पश्यन्नपि न पश्यति। ब्रुवन्नपि न च ब्रूते कोऽन्यो निर्वासनादृते ॥९०॥

ಜಾನನ್ನಪಿ ನ ಜಾನಾತಿ ಪಶ್ಯನ್ನಪಿ ನ ಪಶ್ಯತಿ ।
ಬ್ರುವನ್ನಪಿ ನ ಚ ಬ್ರೂತೇ ಕೋಽನ್ಯೋ ನಿರ್ವಾಸನಾದೃತೆ ॥

90.

욕망이 없는 사람이 아니고서는
누가 알면서도 알지 못하고,
보면서도 보지 못하며,
말하면서도 말하지 못하는 것이 가능하겠습니까?

भिक्षुर्वा भूपतिर्वापि योनिष्कामः सशोभते। भावेषुगलितायस्यशोभनाशोभनामतिः॥९१॥

ಭಿಕ್ಷುರ್ವಾ ಭೂಪತಿರ್ವಾಪಿ ಯೋ ನಿಷ್ಕಾಮಃ ಸ ಶೋಭತೇ ।
ಭಾವೇಷು ಗಲಿತಾ ಯಸ್ಯ ಶೋಭನಾ ಶೋಭನಾ ಮತಿಃ ॥

91.

사물을 보는 그의 관점에서
좋고 나쁨이 녹아내렸습니다.
욕망으로부터 자유로운 사람은
왕이든 거지이든 빛납니다.

क्व स्वाच्छन्द्यं क्व सङ्कोचः क्व वा तत्त्वविनिश्चयः। निर्व्याजार्जवभूतस्य चरितार्थस्य योगिनः॥९२

ಕ್ವ ಸ್ವಾಚ್ಛನ್ದ್ಯಂ ಕ್ವ ಸಙ್ಕೋಚಃ ಕ್ವ ವಾ ತತ್ತ್ವವಿನಿಶ್ಚಯಃ ।
ನಿರ್ವ್ಯಾಜಾರ್ಜವಭೂತಸ್ಯ ಚರಿತಾರ್ಥಸ್ಯ ಯೋಗಿನಃ ॥೯೨॥

92.

삶의 목적을 이루었고

소박한 청렴의 화신인 요기에게

문람함이란 무엇이며

자제란 무엇이며

또는 진리에 대한 결의가 무엇입니까?

आत्मविश्रान्तितृप्तेननिराशेनगतार्तिना।अन्तर्यदनुभूयेततत्कथंकस्यकथ्यते॥९३॥

ಆತ್ಮವಿಶ್ರಾನ್ತಿತೃಪ್ತೇನ ನಿರಾಶೇನ ಗತಾರ್ತಿನಾ ।
ಅನ್ತರ್ಯದನುಭೂಯೇತ ತತ್ಕಥಂ ಕಸ್ಯ ಕಥ್ಯತೇ ॥ ೯೩ ॥

93.

욕망이 없고,

슬픔이 끝났으며,

참나 안의 휴식에 만족하는 사람 안에서

경험된 것이

어떻게, 그리고 누구에게 설명될 수

있겠습니까?

सुप्तोपिनसुषुप्तौचस्वप्नेपिशयितोनच।जागरेऽपिनजागर्तिधीरस्तृप्तःपदेपदे॥९४॥

ಸುಪ್ತೋಽಪಿ ನ ಸುಷುಪ್ತೌ ಚ ಸ್ವಪ್ನೇಽಪಿ ಶಯಿತೋ ನ ಚ ।
ಜಾಗರೇಽಪಿ ನ ಜಾಗರ್ತಿ ಧೀರಸ್ತೃಪ್ತಃ ಪದೇ ಪದೇ ॥ ೯೪ ॥

94.

어떤 상황에서도 만족하는
현명한 사람은
잠, 꿈, 깨어있음이라는
마음의 세 상태에 양향을 받지 않고
영원한 목격자로 있습니다.

ज्ञःसचिन्तोऽपिनिश्चिन्तःसेन्द्रियोऽपिनिरिन्द्रियः।सुबुद्धिरपिनिर्बुद्धिःसाहङ्कारोऽनहङ्कृतिः॥९५॥

ಜ್ಞಃ ಸ ಚಿನ್ತೋಽಪಿ ನಿಶ್ಚಿನ್ತಃ ಸೇನ್ದ್ರಿಯೋಽಪಿ ನಿರಿನ್ದ್ರಿಯಃ।
ಸುಬುದ್ಧಿರಪಿ ನಿರ್ಬುದ್ಧಿಃ ಸಾಹಂಕಾರೋಽನಹಂಕೃತಿಃ ॥ ೯೫ ॥

95.

진정한 지식의 사람은
생각을 하고 있을 때도
생각이 없고,
감각 기관들을 소유하고 있음에도
감각 기관들이 없으며,
지성을 가지고 있음에도
지성이 없으며,
자신을 가지고 있음에도
자신에 대한 생각이 없습니다.

नसुखीनचवादुःखीनविरक्तोनसङ्गवान्।नमुमुक्षुर्नवामुक्तोनकिञ्चिन्नचकिञ्चन॥९६॥

ನ ಸುಖೀ ನ ಚ ವಾ ದುಃಖೀ ನ ವಿರಕ್ತೋ ನ ಸಙ್ಗವಾನ್ ।
ನ ಮುಮುಕ್ಷುರ್ನ ವಾ ಮುಕ್ತೋ ನ ಕಿಞ್ಚಿನ್ನ ಚ ಕಿಞ್ಚನ ॥

96.

그는

행복하지도 불행하지도 않으며,

집착하지도 집착하지 않지도 않으며,

해방되지도 해방을 갈망하지도 않으며,

이것도 저것도 아닙니다.

विक्षेपेपिनविक्षिप्तः समाधौनसमाधिमान्।जाड्येपिनजडो धन्यः पाण्डित्येपिनपण्डितः॥९७।

ವಿಕ್ಷೇಪೇಽಪಿ ನ ವಿಕ್ಷಿಪ್ತಃ ಸಮಾಧೌ ನ ಸಮಾಧಿಮಾನ್ ।
ಜಾಡ್ಯೇಽಪಿ ನ ಜಡೋ ಧನ್ಯಃ ಪಾಣ್ಡಿತ್ಯೇಽಪಿ ನ ಪಣ್ಡಿತಃ ॥

97.

축복 받은 사람은
주의산만 중에서도 산만하지 않으며,
명상 중에도 명상하지 않으며,
둔한 상태에서도 둔하지 않으며,
배움이 있음에도 배움이 있지 않습니다.

मुक्तोयथास्थितिस्वस्थःकृतकर्तव्यनिर्वृतः।समःसर्वत्रवैतृष्ण्यान्नस्मरत्यकृतंकृतम्॥९८॥

ಮುಕ್ತೋ ಯಥಾಸ್ಥಿತಿಸ್ವಸ್ಥಃ ಕೃತಕರ್ತವ್ಯನಿರ್ವೃತಃ ।
ಸಮಃ ಸರ್ವತ್ರ ವೈತೃಷ್ಣ್ಯಾನ್ನ ಸ್ಮರತ್ಯಕೃತಂ ಕೃತಂ ॥

98.

어떤 상황에서도
참나 안에서 쉬고,
한 것과 해야 할 것이라는 생각으로부터 자유로우며,
어디에서나 똑같은
해방된 사람은 욕망이 없기 때문에
그가 한 것 또는 하지 않은 것에 대해
곰곰이 생각하지 않습니다.

नप्रीयतेवन्द्यमानो निन्द्यमानोनकुप्यति। नैवोद्विजतिमरणेजीवनेनाभिनन्दति ॥९९॥

ನ ಪ್ರೀಯತೇ ವನ್ದ್ಯಮಾನೋ ನಿನ್ದ್ಯಮಾನೋ ನ ಕುಪ್ಯತಿ ।
ನೈವೋದ್ವಿಜತಿ ಮರಣೇ ಜೀವನೇ ನಾಭಿನನ್ದತಿ ॥ ೯೯ ॥

99.

그는 칭찬을 받아도

기뻐하지 않고,

비난을 받아도

화가 나지 않습니다.

그는 삶을 기뻐하지도

죽음을 두려워하지도 않습니다.

नधावतिजनाकीर्णंनारण्यमुपशान्तधीः।यथातथायत्रतत्रसमएवावतिष्ठते॥१००॥

ನ ಧಾವತಿ ಜನಾಕೀರ್ಣಂ ನಾರಣ್ಯಮುಪಶಾನ್ತಧೀಃ।

ಯಥಾ ತಥಾ ಯತ್ರ ತತ್ರ ಸಮ ಏವಾವತಿಷ್ಠತೇ ॥ ೧೦೦ ॥

100.

고요한 마음을 가진 사람은

혼잡한 곳을 피하여

숲의 고요한 곳을 좇아다니지 않습니다.

그는 어떤 상황,

어떤 곳에서도 같은 채로 있습니다.

एकोनविंशाध्यायः॥

जनक उवाच—

तत्त्वविज्ञानसन्दंशमादाय हृदयोदरात्। नानाविधपरामर्शशल्योद्धारः कृतो मया ॥१॥

ಏಕೋನವಿಂಶಾಧ್ಯಾಯಃ.

ಜನಕ ಉವಾಚ—

ತತ್ತ್ವವಿಜ್ಞಾನಸನ್ದಂಶಮಾದಾಯ ಹೃದಯೋದರಾತ್ ।
ನಾನಾವಿಧಪರಾಮರ್ಶಶಲ್ಯೋದ್ಧಾರಃ ಕೃತೋ ಮಯಾ ॥

제19장 • 아뜨만 안에서 휴식

자나까가 말했습니다.

1.

진리의 집게로
저는 제 가슴의
어두운 구석으로부터
많은 판단의 가시들을 뽑아냈습니다.

क्वधर्मः क्वचवाकामः क्वचार्थः क्वविवेकिता। क्वद्वैतं क्वचवाद्वैतं स्वमहिम्निस्थितस्यमे॥२॥

ಕ್ವ ಧರ್ಮಃ ಕ್ವ ಚ ವಾ ಕಾಮಃ ಕ್ವ ಚಾರ್ಥಃ ಕ್ವ ವಿವೇಕಿತಾ ।

ಕ್ವ ದ್ವೈತಂ ಕ್ವ ಚ ವಾಽದ್ವೈತಂ ಸ್ವಮಹಿಮ್ನಿ ಸ್ಥಿತಸ್ಯ ಮೇ ॥

2.

제 자신의

찬란한 아름다움 안에 살고 있는 저에게

다르마는 어디에 있으며,

까마는 어디에 있으며,

아르따는 어디에 있으며,

식별은 어디에 있으며,

이원은 어디에 있으며,

비이원은 어디에 있습니까?

क्वभूतंक्वभविष्यद्वावर्तमानमपिक्ववा।क्वदेशःक्वचवानित्यंस्वमहिम्निस्थितस्यमे॥३॥

ಕ್ವ ಭೂತಂ ಕ್ವ ಭವಿಷ್ಯದ್ವಾ ವರ್ತಮಾನಮಪಿ ಕ್ವ ವಾ ।
ಕ್ವ ದೇಶಃ ಕ್ವ ಚ ವಾ ನಿತ್ಯಂ ಸ್ವಮಹಿಮ್ನಿ ಸ್ಥಿತಸ್ಯ ಮೇ ॥ ೩ ॥

3.

제 자신의
찬란한 아름다움 안에 살고 있는 저에게
과거는 어디에 있으며,
미래는 어디에 있으며,
현재는 어디에 있으며,
공간은 어디에 있으며,
영원은 어디에 있습니까?

क्वचात्मा क्वचवानात्मा क्वशुभंक्वाशुभंतथा । क्वचिन्ता क्वचवाचिन्ता स्वमहिम्नि स्थितस्यमे ॥४॥

ಕ್ವ ಚಾತ್ಮಾ ಕ್ವ ಚ ವಾನಾತ್ಮಾ ಕ್ವ ಶುಭಂ ಕ್ವಾಶುಭಂ ತಥಾ।
ಕ್ವ ಚಿನ್ತಾ ಕ್ವ ಚ ವಾಚಿನ್ತಾ ಸ್ವಮಹಿಮ್ನಿ ಸ್ಥಿತಸ್ಯ ಮೇ ॥೪॥

4.

제 자신의 찬란한 아름다움 안에 살고 있는 저에게
참나 또는 비참나는 어디에 있으며,
선과 악은 어디에 있으며,
걱정과 걱정 없음이 어디에 있습니까?

क्वस्वप्नःक्वसुषुप्तिर्वाक्वचजागरणंतथा।क्वतुरीयंभयंवापिस्वमहिम्निस्थितस्यमे॥५॥

ಕ್ವ ಸ್ವಪ್ನಃ ಕ್ವ ಸುಷುಪ್ತಿರ್ವಾ ಕ್ವ ಚ ಜಾಗರಣಂ ತಥಾ ।
ಕ್ವ ತುರೀಯಂ ಭಯಂ ವಾಪಿ ಸ್ವಮಹಿಮ್ನಿ ಸ್ಥಿತಸ್ಯ ಮೇ ॥ ೫ ॥

5.

제 자신의 찬란한 아름다움 안에 살고 있는 저에게
꿈은 어디에 있으며,
깊은 잠은 어디에 있으며,
깨어있음은 어디에 있으며,
네 번째 상태는 어디에 있으며,
두려움은 어디에 있습니까?

क्वदूरं क्वसमीपंवा बाह्यंक्वाभ्यन्तरंक्वा। क्वस्थूलं क्वचवासूक्ष्मंस्वमहिम्निस्थितस्यमे॥६॥

ಕ್ವ ದೂರಂ ಕ್ವ ಸಮೀಪಂ ವಾ ಬಾಹ್ಯಂ ಕ್ವಾಭ್ಯನ್ತರಂ ಕ್ವ ವಾ।
ಕ್ವ ಸ್ಥೂಲಂ ಕ್ವಚವಾ ಸೂಕ್ಷ್ಮಂ ಸ್ವಮಹಿಮ್ನಿ ಸ್ಥಿತಸ್ಯ ಮೇ ॥೬॥

6.

제 자신의 찬란한 아름다움 안에 살고 있는 저에게
먼 거리 또는 가까운 거리는 어디에 있으며,
바깥 또는 안은 어디에 있으며,
거친 또는 미묘함은 어디에 있습니까?

क्वमृत्युजीवितंवा क्वलोकाः क्वास्य क्वलौकिकम् । क्वलयः क्वसमाधिर्वास्वमहिम्निस्थितस्यमे॥
॥७॥

ಕ್ವ ಮೃತ್ಯುಜೀವಿತಂ ವಾ ಕ್ವ ಲೋಕಾಃ ಕ್ವಾಸ್ಯ ಕ್ವ ಲೌಕಿಕಮ್ ।
ಕ್ವ ಲಯಃ ಕ್ವ ಸಮಾಧಿರ್ವಾ ಸ್ವಮಹಿಮ್ನಿ ಸ್ಥಿತಸ್ಯ ಮೇ ॥೭॥

7.

제 자신의 찬란한 영광 안에 살고 있는 저에게
죽음 또는 삶은 어디에 있으며,
세상 또는 세상과의 관계는 어디에 있으며,
마음의 정지 또는 명상은 어디에 있습니까?

अलंत्रिवर्गकथया योगस्यकथयाप्यलम् । अलंविज्ञानकथया विश्रान्तस्यममात्मनि ॥
॥८॥

ಅಲಂ ತ್ರಿವರ್ಗಕಥಯಾ ಯೋಗಸ್ಯ ಕಥಯಾಪ್ಯಲಮ್ ।

ಅಲಂ ವಿಜ್ಞಾನಕಥಯಾ ವಿಶ್ರಾನ್ತಸ್ಯ ಮಮಾತ್ಮನಿ ॥ ೮ ॥

8.

참나 안에 쉬고 있는 저에게

삶의 세 가지 목표, 요가,

그리고 지혜에 대해 말할 필요는 없습니다.

विंशाध्याय:॥

जनक उवाच—

क्वभूतानिक्वदेहोवाक्वेन्द्रियाणिक्ववामन:।क्वशून्यंक्वचनैराश्यंमत्स्वरूपेनिरञ्जने॥१॥

ವಿಂಶಾಧ್ಯಾಯಃ

ಜನಕ ಉವಾಚ—

ಕ್ವ ಭೂತಾನಿ ಕ್ವ ದೇಹೋ ವಾ ಕ್ವೇನ್ದ್ರಿಯಾಣಿ ಕ್ವ ವಾ ಮನಃ ।

ಕ್ವ ಶೂನ್ಯಂ ಕ್ವ ಚ ನೈರಾಶ್ಯಂ ಮತ್ಸ್ವರೂಪೇ ನಿರಞ್ಜನೇ ॥೧

제20장 • 깨달음과 삶의 마지막 단계

자나까가 말했습니다.

1.

오점이 없는 저에게

원소들은 어디에 있으며,

몸은 어디에 있으며, 감각들은 어디에 있으며,

마음은 어디에 있으며, 공은 어디에 있으며,

절망은 어디에 있습니까?

क्वशास्त्रंक्वात्मविज्ञानं क्ववानिर्विषयंमनः।क्वतृप्तिः क्ववितृष्णत्वंगतद्वन्द्वस्यमेसदा॥२॥

ಕ್ವ ಶಾಸ್ತ್ರಂ ಕ್ವಾತ್ಮವಿಜ್ಞಾನಂ ಕ್ವ ವಾ ನಿರ್ವಿಷಯಂ ಮನಃ ।
ಕ್ವ ತೃಪ್ತಿಃ ಕ್ವ ವಿತೃಷ್ಣತ್ವಂ ಗತದ್ವನ್ದ್ವಸ್ಯ ಮೇ ಸದಾ ॥ ೨ ॥

2.

언제나 이원성이 없는 저에게

경전이 무엇이며,

참나 지식이 무엇이며,

대상에 대한 생각이 없는 마음이 무엇이며,

만족이 무엇이며,

욕망 없음이 무엇입니까?

क्व विद्या क्व च वाविद्या क्वाहं क्वेदं मम क्व वा । क्व बन्धः क्व च वा मोक्षः स्वरूपस्य क्व रूपिता ॥३॥

ಕ್ವ ವಿದ್ಯಾ ಕ್ವ ಚ ವಾವಿದ್ಯಾ ಕ್ವಾಹಂ ಕ್ವೇದಂ ಮಮ ಕ್ವ ವಾ ।
ಕ್ವ ಬನ್ಧಃ ಕ್ವ ಚ ವಾ ಮೋಕ್ಷಃ ಸ್ವರೂಪಸ್ಯ ಕ್ವ ರೂಪಿತಾ ॥ ೩ ॥

3.

참나에게

지식이란 무엇이며,

무지란 무엇이며,

"나", "이것"이란 무엇이며,

"나의 것"이란 무엇이며,

속박이란 무엇이며,

해방이란 무엇이며,

정의할 수 있다는 것은 무엇입니까?

क्व प्रारब्धानि कर्माणि जीवन्मुक्तिरपि क्व वा। क्व तद्विदेहकैवल्यं निर्विशेषस्य सर्वदा॥४॥

ಕ್ವ ಪ್ರಾರಬ್ಧಾನಿ ಕರ್ಮಾಣಿ ಜೀವನ್ಮುಕ್ತಿರಪಿ ಕ್ವ ವಾ ।
ಕ್ವ ತದ್ವಿದೇಹಕೈವಲ್ಯಂ ನಿರ್ವಿಶೇಷಸ್ಯ ಸರ್ವದಾ ॥ ೪ ॥

4.

언제나 속성이 없는 저에게
현재의 까르마란 무엇이며,
삶 중의 해방이란 무엇이며,
죽은 후의 해방이란 무엇입니까?

क्वकर्ताक्वचवाभोक्तानिष्क्रियंस्फुरणंक्ववा।क्वापरोक्षंफलंवाक्वनिस्स्वभावस्यमेसदा॥५॥

ಕ್ವ ಕರ್ತಾ ಕ್ವ ಚವಾ ಭೋಕ್ತಾ ನಿಷ್ಕ್ರಿಯಂ ಸ್ಫುರಣಂ ಕ್ವ ವಾ ।
ಕ್ವಾಪರೋಕ್ಷಂ ಫಲಂ ವಾ ಕ್ವ ನಿಸ್ಸ್ವಭಾವಸ್ಯ ಮೇ ಸದಾ॥೫॥

5.

항상 '나'가 없는 저에게
행위 하는 자나 즐기는 자는 무엇이며,
생각의 일어남이나 사라짐이 무엇이며,
보이는 세상이나 보이지 않는 세상이란 무엇입니까?

क्वलोकःक्वमुमुक्षुर्वाक्वयोगीज्ञानवान्क्ववा।क्वबद्धःक्वचवामुक्तःस्वस्वरूपेऽहमद्वये॥६॥

ಕ್ವಲೋಕಃಕ್ವಮುಮುಕ್ಷುರ್ವಾಕ್ವಯೋಗೀಜ್ಞಾನವಾನ್ಕ್ವವಾ ।
ಕ್ವ ಬದ್ಧಃ ಕ್ವ ಚ ವಾ ಮುಕ್ತಃ ಸ್ವಸ್ವರೂಪೇಽಹಮದ್ವಯೇ ॥೬॥

6.

비이원의 에센스로 있는 저에게
세상은 무엇이며,
해방을 향한 구도자란 무엇이며,
명상하는 사람이란 무엇이며,
지식의 사람이란 무엇이며,
굴레에 있는 영혼이란 무엇이며,
자유로운 영혼이란 무엇입니까?

क्व सृष्टिः क्व च संहारः क्व साध्यं क्व च साधनम्। क्व साधकः क्व सिद्धिर्वा स्वस्वरूपेऽहमद्वये ॥७॥

ಕ್ವ ಸೃಷ್ಟಿಃ ಕ್ವ ಚ ಸಂಹಾರಃ ಕ್ವ ಸಾಧ್ಯಂ ಕ್ವ ಚ ಸಾಧನಮ್ ।
ಕ್ವ ಸಾಧಕಃ ಕ್ವ ಸಿದ್ಧಿರ್ವಾ ಸ್ವಸ್ವರೂಪೇಽಹಮದ್ವಯೇ ॥ ೭ ॥

7.

(저의 본질적 성품인)

비이원의 참나에 있는 저에게
창조와 소멸은 무엇이며,
수단과 끝은 무엇이며,
구도자와 구도의 성공은 무엇입니까?

क्व प्रमाता प्रमाणं वा क्व प्रमेयं क्व च प्रमा । क्व किञ्चित् क्व न किञ्चिद्वा सर्वदा विमलस्य मे ॥८॥

ಕ್ವ ಪ್ರಮಾತಾ ಪ್ರಮಾಣಂ ವಾ ಕ್ವ ಪ್ರಮೇಯಂ ಕ್ವ ಚ ಪ್ರಮಾ।
ಕ್ವ ಕಿಞ್ಚಿತ್ ಕ್ವ ನ ಕಿಞ್ಚಿದ್ವಾ ಸರ್ವದಾ ವಿಮಲಸ್ಯ ಮೇ ॥೮॥

8.

언제나 순수한 저에게
아는 자, 지식의 과정,
지식이란 무엇이며,
존재하는 것과 무(無)는 무엇입니까?

क्वविक्षेपःक्वचैकाग्र्यंक्वनिर्बोधःक्वमूढता।क्वहर्षःक्वविषादोवासर्वदानिष्क्रियस्यमे॥९॥

ಕ್ವ ವಿಕ್ಷೇಪಃ ಕ್ವ ಚೈಕಾಗ್ರ್ಯಂ ಕ್ವ ನಿರ್ಬೋಧಃ ಕ್ವ ಮೂಢತಾ ।
ಕ್ವ ಹರ್ಷಃ ಕ್ವ ವಿಷಾದೋ ವಾ ಸರ್ವದಾ ನಿಷ್ಕ್ರಿಯಸ್ಯ ಮೇ ॥

9.

언제나 행위가 없는 저에게

산만이나 집중,

둔함이나 미혹,

즐거움이나 슬픔이란 무엇입니까?

क्वचैषव्यवहारोवा क्वचसा परमार्थता। क्वसुखंक्वचवादुःखंनिर्विमर्शस्यमेसदा॥१०॥

ಕ್ವ ಚೈಷ ವ್ಯವಹಾರೋ ವಾ ಕ್ವ ಚ ಸಾ ಪರಮಾರ್ಥತಾ ।
ಕ್ವ ಸುಖಂ ಕ್ವ ಚ ವಾ ದುಃಖಂ ನಿರ್ವಿಮರ್ಶಸ್ಯ ಮೇ ಸದಾ ॥

10.

언제나 생각이 전혀 없는 저에게

상대적 또는 절대적인

행복이나 불행이란 무엇입니까?

क्वमाया क्वच संसारः क्वप्रीतिर्विरतिः क्ववा। क्वजीवः क्वचतद्ब्रह्म सर्वदा विमलस्यमे॥११॥

ಕ್ವ ಮಾಯಾ ಕ್ವ ಚ ಸಂಸಾರಃ ಕ್ವ ಪ್ರೀತಿರ್ವಿರತಿಃ ಕ್ವ ವಾ ।
ಕ್ವ ಜೀವಃ ಕ್ವ ಚ ತದ್ಬ್ರಹ್ಮ ಸರ್ವದಾ ವಿಮಲಸ್ಯ ಮೇ ॥

11.

언제나 순수한 저에게

마야(무지)나 삼사라(세상),

집착이나 무집착,

지바 또는 브람만이란 무엇입니까?

क्वप्रवृत्तिर्निवृत्तिर्वाक्वमुक्तिःक्वचबन्धनम्।कूटस्थनिर्विभागस्यस्वस्थस्यममसर्वदा॥१२

ಕ್ವ ಪ್ರವೃತ್ತಿರ್ನಿವೃತ್ತಿರ್ವಾ ಕ್ವ ಮುಕ್ತಿಃ ಕ್ವ ಚ ಬನ್ಧನಮ್ ।
ಕೂಟಸ್ಥನಿರ್ವಿಭಾಗಸ್ಯ ಸ್ವಸ್ಥಸ್ಯ ಮಮ ಸರ್ವದಾ ॥ ೧೨ ॥

12.

언제나 불변하고 나눌 수 없으며

참나 안에 자리 잡은 저에게

행위나 무행위,

해방이나 속박이란 무엇입니까?

क्वोपदेशः क्वाशास्त्रं क्वशिष्यः क्वचवागुरुः। क्वचास्तिपुरुषार्थोवानिरुपाधेः शिवस्यमे॥१३॥

ಕ್ವೋಪದೇಶಃ ಕ್ವ ವಾ ಶಾಸ್ತ್ರಂ ಕ್ವ ಶಿಷ್ಯಃ ಕ್ವ ಚ ವಾ ಗುರುಃ ।
ಕ್ವ ಚಾಸ್ತಿ ಪುರುಷಾರ್ಥೋ ವಾ ನಿರುಪಾಧೇಃ ಶಿವಸ್ಯ ಮೇ ॥

13.

절대 선이고 한계가 없는 저에게
가르침이나
경전의 명령이란 무엇이며,
제자나 가르치는 사람이란 무엇이며,
삶의 최고선이란 무엇입니까?

क्वचास्ति क्वचवानास्ति क्वास्ति चैकं क्वचद्वयम्। बहुनात्र किमुक्तेन किञ्चिन्नोत्तिष्ठते मम ॥१४॥

ಕ್ವ ಚಾಸ್ತಿ ಕ್ವ ಚ ವಾ ನಾಸ್ತಿ ಕ್ವಾಸ್ತಿ ಚೈಕಂ ಕ್ವ ಚ ದ್ವಯಮ್।
ಬಹುನಾತ್ರ ಕಿಮುಕ್ತೇನ ಕಿಞ್ಚಿನ್ನೋತ್ತಿಷ್ಠತೇ ಮಮ ॥೧೪॥

14.

존재나 무존재는 무엇이며,
일원이나 이원은 무엇입니까?
더 말할 것이 무엇이 있겠습니까?
저에게서는 아무것도 일어나지 않습니다.

경전 3
자나까를 깨닫게 한 가르침
아슈따바끄라 기따

초판발행 2017년 9월 27일

지 은 이 아슈따바끄라
영 역 스와미 스와루빠난다
옮 긴 이 김병채

펴 낸 이 황정선
출판등록 2003년 7월 7일 제62호
펴 낸 곳 슈리 크리슈나다스 아쉬람
주 소 경상남도 창원시 의창구 북면 신리길 35번길 12-9
대표전화 (055) 299-1399
팩시밀리 (055) 299-1373

전자우편 krishnadass@hanmail.net
홈페이지 www.krishnadass.com

ISBN 978-89-91596-53-5 03270